SO-AAB-413

Así gobierna Uribe

María Jimena Duzán

ASÍ GOBIERNA URIBE

 Planeta

© María Jimena Duzán, 2004
© Editorial Planeta Colombiana, S. A., 2004
Calle 73 No. 7-60, Bogotá.

COLOMBIA: www.editorialplaneta.com.co
VENEZUELA: www.editorialplaneta.com.ve
ECUADOR: www.editorialplaneta.com.ec

Diseño de la cubierta: Felipe Valencia
Fotografía de la cubierta: Carlos Duque
Investigación del capítulo 5: Andrés Ramírez

Armada electrónica: Editorial Planeta Colombiana S. A.

ISBN: 958-42-1007-6

Primera edición: junio de 2004
Impresión y encuadernación: D'vinni Ltda.

Para Óscar, Matilde y Beatriz

CONTENIDO

A MANERA DE PRESENTACIÓN

Este libro es producto de una serie de visitas hechas a Palacio, así como de unos cuantos viajes en los que estuve cerca del presidente Álvaro Uribe Vélez. Por espacio de unos meses se me permitió entrar a la Casa de Nariño y entrevistarme con muchos de sus colaboradores, lo mismo que con varios amigos personales, la mayoría de los cuales, debo decirlo, me abrieron las puertas con la esperanza, pienso yo, de que al hacerlo me iba a ser muy difícil no terminar cautivada por la tenacidad y la dedicación que el presidente Álvaro Uribe profesa por su país. Desde luego, también hablé con personas que lo conocen de cerca pero que, por una u otra razón, están en otras orillas, alejados del poder.

El hecho de no haber caído seducida por ese conjuro creo que me ha permitido proporcionar una visión novedosa de un gobernante que ya hace parte de la historia del país.

LA AUTORA

PALABRA DE PRESENTACIÓN

1
En la cabina de Uribe

—¡Coronel Osorio!

—A sus órdenes, señor presidente —responde su edecán militar sin haberse sentado aún en su silla de avión.

—Mire a ver si puede comunicarme con el comandante del batallón La Popa de Valledupar, porque quiero saber cómo se produjo el secuestro de un hacendado que iba por una carretera cerca de La Jagua de Ibirico.

—Sí, señor —contesta presuroso el coronel quien raudo marca desde un celular el número indicado, mientras sube a la primera cabina de «la cafetera», como llaman muchos periodistas al viejo jet presidencial, y se aleja de los cerca de cincuenta funcionarios o más que integran la comitiva que se desplaza con el presidente a la provincia al menos dos veces por semana. Es el martes 3 de febrero de 2004, pocos días después de su controvertida y agitada gira por Europa.

Mientras el coronel trata de establecer comunicación con el general, el presidente tiene tiempo de acomodarse en su asiento —siempre ocupa la silla que está al lado de la ventana del ala izquierda—. Ya lleva puesto su sombrero blanco de Aguadas, va vestido de pantalón caqui y su camisa rosada lleva en el bolsillo la imagen de un caballo de polo. A su lado va el ministro de Defensa, Jorge Alberto Uribe Echavarría, hombre elegante, siempre que no salga en traje de fatiga, atuendo que no le va bien con esa cabellera ondulada de intelectual francés que se carga. Sobre su cabeza, un sombrero de esos baratos que uno compra en las playas del Caribe. Frente al presidente va Enrique Santos Calderón, codirector del diario *El Tiempo* y a su lado la ministra de Vivienda y Medio Ambiente, Sandra Suárez, quien fuera también su secretaria privada en la Gobernación de Antioquia.

—Gobernador —le dice el presidente a Hernando Molina, quien está sentado al lado mío en unas sillas que están dispuestas en el ala derecha del avión, de cara a los demás—, ¿usted conoce esa carretera por donde fue secuestrado este hacendado?

—Sí, señor presidente. Es una carretera de difícil acceso que no se utiliza mucho, motivo por el cual no se ha vigilado de la misma manera.

—¡Con razón no la pude encontrar en el mapa! Es tan pequeña que no aparece registrada.

Es probable que antes de salir de Palacio, el presidente hubiera tenido tiempo de abrir la alacena contigua a su despacho —la misma que en tiempos de Pastrana estaba llena de puros enviados por Fidel Castro y que ahora permanece atiborrada de mapas de toda Colombia, suministrados por el Instituto Agustín Codazzi— para ver dónde quedaba la carretera. Se habría alcanzado a sorprender al no encontrarla y al no haberla podido atrapar ni siquiera con su lupa. Inaudito, habría pensado para sus adentros. Sobre todo para alguien que se precia de conocer la ubicación de cada carretera de Colombia, que se considera un cartógrafo por obsesión y que se ha acostumbrado a tener el inmenso *Atlas de Colombia* al lado de la Biblia. Por eso no es extraño verlo recorrer los pasillos de Palacio, camino a alguna reunión, llevando debajo del brazo el inmenso y pesado libro —obviamente no permite que nadie le cargue nada—, el mismo que cuando no está asido al presidente reposa en la inmensa mesa cuadrada de su despacho, en un puesto estelar. El presidente no suele hacer regalos, pero cuando los hace regala siempre el *Atlas de Colombia*. A todos los visitantes ilustres les ha enflautado uno, comenzando por Vargas Llosa, el virtuoso escritor peruano. La última vez que estuvo en Palacio visitando al presidente salió encartado con ese libro inmenso. «Usted debe tener muchos libros, me imagino —le dijo el presidente—, pero no creo que tenga éste». Me dicen que, incluso, algún huésped incauto, al recibir tan pesado regalo debidamente envuelto, llegó a pensar que se trataba de un hermoso cuadro colonial.

Mientras el avión presidencial despega, el coronel Osorio le dice que ya está el coronel al teléfono. Habla con él y delante de todos nosotros le pide que le explique en detalle dónde y cómo sucedió el secuestro. Termina la llamada y le ordena al coronel Osorio que le comunique con el comandante de la Policía. Se muestra molesto porque en esa zona no había vuelto a haber ningún secuestro. Habla con el comandante y le pregunta quién es el hacendado secuestrado. «¿Aló? ¿Comandante? ¿Qué hacía el hacendado cuando fue secuestrado?». Ahora quiere que lo comuniquen con el DAS. «¿Aló? ¿Sabían ustedes si por ahí había gente de la guerrilla? ¿Falló la inteligencia? ¿Lo conocía usted?¿Cuántas cabezas de ganado tenía?».

A su lado el ministro de Defensa sigue flamante, pero impávido, confirmando que todos los ministros de Uribe son, a lo sumo, unos buenos viceministros; no más.

El presidente Uribe debió haberse despertado a las cuatro y media, como es su costumbre. Lo más seguro es que hubiera hecho una hora de ejercicio en una máquina estática; cuando está por fuera de Bogotá, y su salud se lo permite —sufre de un dolor de espalda crónico que suele tratarlo con homeopatía—, sale a trotar, escoltado por su guardia pretoriana. Pudo haber alcanzado a desayunar muy frugalmente café con bastante leche y, sin falta, haberse empacado unas arepas de choclo, cuidadosamente traídas desde Medellín. Pudo incluso llamar a El Ubérrimo, su finca de Córdoba —de hecho lo hace todos los días— a preguntar si les habían dado el plátano a los pájaros y si los pavos reales no se habían comido los huevos. Es posible que el desayuno lo hubiera tomado con Lina, su esposa, quien todavía no se acostumbra a tener que levantarse y no poder abrir la ventana de su habitación por la simple y sencilla razón de que su cuarto carece de ese elemental artilugio.

Según José Obdulio Gaviria, uno de sus consejeros más cercanos, Uribe no lee prensa, no ve televisión ni oye radio. Sólo lee los recortes subrayados que él mismo le deja en su escritorio, los cuales son seleccionados de acuerdo con los temas que obsesionan al presidente. Sin embargo, se sabe que lee con asiduidad la revista *The Economist* —así practica un inglés de pronunciación áspera pero bien construido que aprendió en escasos dos meses en Boston, con uno de esos métodos intensivos, en razón de que tenía que pasar el examen de inglés para poder hacer un posgrado en la Universidad de Harvard—. Su tesis fue laureada, a pesar de su inglés inmaduro, motivo por el cual tuvo que escribirla y aprendérsela de memoria, como si fuera un poema de su amado Neruda. Desde entonces cultiva un inglés primario leyendo revistas americanas o inglesas, especialmente de economía, una ciencia que Uribe se precia de saber, a pesar de ser abogado, no economista. «En realidad, Uribe sabe menos de lo que él cree que sabe de economía» es una frase recurrente acuñada por los economistas que tienen que padecer sus obsesiones en esa materia. «Lo que tiene el presidente es sentido común» me advierten otros, como para dejar en claro que ese atributo infortunadamente no lo convierte en economista.

A pesar de que dicen que no lee prensa nacional, sí se sabe que se embelesa leyendo a su coterráneo Guillermo *El Negro* Gaviria, dueño del periódico *El Mundo*, de Medellín, por la coincidencia que encuentra con sus apreciaciones, sobre todo en el tema de la seguridad y la lucha contra las FARC, a pesar de que El Negro es un furibundo serpista y padre del gobernador asesinado por las FARC en el frustrado rescate de Urrao. Claro que en Medellín hay quienes sostienen que la verdadera razón para que el presidente tenga tan presente los editoriales de *El Mundo* es porque en ellos se nota a veces la mano de José Obdulio, quien tiene una innegable ascendencia sobre el diario de los Gaviria.

De resto, Uribe hace lo mismo que hacía Rafael Núñez quien, al final de su mandato, dejó una nota para su sucesor al lado de un paquete inmenso de periódicos de *El Liberal* sin abrir, que decía: «Para que le cuenten a mis enemigos».

Le gusta la poesía, especialmente si es de Pablo Neruda —incluso en su despacho tiene un poema empotrado del poeta chileno que duerme recostado sobre una de las cuatro paredes, como esperando que alguien lo declame. Y aunque no lee ficción, ni novelas, ni siquiera las de espionaje, sí le apasionan los libros que toquen el tema del liderazgo —otra de sus grandes obsesiones—, además de los infaltables reportes ministeriales que lee con la misma fruición con que escudriña las biografías de Lincoln, Roosevelt o Winston Churchill.

Sin embargo, de un tiempo para acá sus asesores suelen hacerle un resumen del libro que le interesa; se lo dejan en su escritorio para que el jefe de Estado lo pueda leer bien temprano en la mañana, antes de que Camilo Ospina, el secretario jurídico de Palacio, entre con el portentoso paquete de decretos para firmar. Así «leyó» el último libro de Mario Vargas Llosa, truco que le permitió descrestar al escritor peruano en una de sus visitas a Palacio.

Se viste siempre de Everfit o de Arturo Calle —aunque últimamente ha desarrollado un gusto por ropa de marca colombiana como la de Álvaro Pava—. Nadie, ni Lina su mujer, lo ha visto nunca en bluejeans porque considera que esa es una prenda demasiado irreverente para su concepción tradicional, patriarcal y cerril que tiene de la vida y de las cosas.

Si es lunes, está más contento que de costumbre. Significa que va a salir de Bogotá a realizar un consejo de seguridad con los altos mandos militares, en alguno de los municipios con problemas de orden público. Significa también que no va almorzar solo en la Casa de Nariño, en una mesita cuadrada que le han acondicionado en la cocina de la casa presidencial, uno de los pocos lugares acogedores que tiene la residencia presidencial y en la que suele almorzar con Lina por regla general. Muy pocas veces utilizan el comedor de la casa privada, demasiado grande y demasiado lúgubre para los escasos comensales que frecuentan los manteles de la familia Uribe Vélez.

Eso no quita que no sean bienvenidos los amigos ocasionales o las visitas sorpresa como las de «Las Lucías». ¿Las Lucías? ...Sí, cómo no... «Las Lucías», dos señoras del «diretorio» de Antioquia, que son lo más parecido —me dicen— a Tola y Maruja. Las dos terminaron almorzando con él un buen día, por cuenta de una promesa de campaña: si él salía elegido presidente, las invitaba un día a Palacio a almorzar. Pues un año después, sin tener cita, «Las Lucías» llegaron muy orondas al Palacio y entraron sin mayor problema a la Casa de Nariño la que, dicho sea de paso, ha vuelto a abrirse al público como en los tiempos de Belisario. «Las Lucías» preguntaron por «Joseodulio». Y tan de buenas que el asesor presidencial estaba allí sentadito en su oficina, trabajando, trabajando y trabajando, como mandan los cánones del apostolado uribista. Las hicieron pasar guiadas por un joven edecán.

La gira fue completa: recorrieron todo el Palacio, saludaron a todo el mundo y tuvieron la suerte de entrar incluso hasta el Consejo de Ministros, cosa ya bastante habitual desde que llegó Uribe al poder.

Al presidente le fascinan las visitas inesperadas en Palacio como la de «Las Lucías». Cuando eso sucede, suele parar lo que está haciendo —no importa si tiene que suspender por un momento el Consejo de Ministros o el Conpes— y hacer un alto mientras recibe a los huéspedes. Un día pueden ser «Las Lucías», otro un grupo de gitanoscristianos, como los que le fueron a hacer una visita hace poco, provenientes en su mayoría de Girón, Santander. Desde hace un buen tiempo los gitanos habían manifestado su deseo de venir a saludar al presidente y demostrarle su admiración. Los hizo seguir al salón donde se realiza el Consejo de Ministros.

La líder de los gitanos, una mujer de unos 40 años, de piel blanca y pelo negro, maquillada de forma tenue y con un atuendo algo convencional para ser gitana, se sentó al lado de Uribe, visiblemente emocionada. Ella no se imaginó nunca que iba a estar al lado del mandatario, mirándolo tan de cerca, tocándolo. Su emoción fue grande. Poco a poco se recompuso y empezó a hablar en nombre del grupo, no sin mostrar cierto nerviosismo que la hizo sudar; palideció un poco. De repente el presidente se dio cuenta de que algo andaba mal. Ella se descompuso y en cuestión de minutos su cuerpo se desgonzó hasta caer al suelo.

—¡Ligero!, llamen al médico de Palacio —advirtió el presidente, mientras se apersonaba de la emergencia y le daba los primeros auxilios. Intentó respiración boca a boca, pero la gitana no reaccionó.

Cuando el galeno llegó ya era tarde. Dictamen de la muerte de la gitana: «Infarto de miocardio producido por una fuerte emoción».

Sentarse a la mesa, me dicen sus allegados, es para Uribe un ejercicio meramente nutricional que hay que hacer para no morirse de hambre y que él efectúa mecánicamente, lejos de cualquier placer hedonista. No entiende mucho de la buena mesa, ni de los buenos vinos, con excepción, eso sí, de las hormigas culonas, esperpento gastronómico que come con fruición gracias a la generosidad de unos amigos santandereanos. A lo mejor esta forma de ser, tan ajena a los rituales burgueses, ha sido la culpable de que en Medellín la oligarquía paisa lo considere un «presidente montañero», calificativo que, escuchado desde los salones del selecto Club Unión de Medellín, no deja de sonar un tanto clasista.

Lo cierto es que Uribe evita en lo posible las grandes cenas en Palacio, tradicionales en el ritual del poder. Y las pocas que se han hecho responden al mínimo protocolo de brindar cenas en honor de mandatarios. En la última visita del presidente Aznar a Cartagena, por ejemplo, Uribe optó por invitarlo a pasar un día en las islas del Rosario, en lugar de brindarle una cena. «Yo no sé hacer visita, pero le invito a nadar», le dijo el presidente colombiano al mandatario español mientras le ponía unas anteojeras y unas aletas.

A Aznar, sorprendido con la inusual propuesta, no le quedó más remedio que decir que sí. Acto seguido los dos presidentes se lanzaron al mar Caribe, seguidos por su séquito de seguridad. Uribe, con su nadadito de perro, iba comandando la expedición; detrás, un Aznar ágil, que no se dejó vencer, le iba marcando el paso. Nadaron mar adentro por espacio de unos 40 minutos. Al término de esta epopeya, hasta los asesores del presidente Uribe se disculparon con Aznar y su séquito por la amabilidad espartana de su anfitrión.

La cosa mejora cuando invita a almorzar a los diputados paisas o a los alcaldes del nororiente antioqueño o, incluso, a la amorfa bancada uribista, la cual va con una frecuencia inusitada a tomar el «algo» a Palacio. Eso ya no es ritual, ni es parte de acartonados protocolos; es trabajo del que le gusta. En esos casos, él es el primero en estar y el primero en verificar que la comida alcance. En una ocasión, al término de uno de esos almuerzos politiqueros, el presidente dio la orden en la cocina para que, en próximas ocasiones, le pusieran más agua a la sopa, porque le había parecido que la comida había estado escasa.

Los médicos le tienen prohibido comer mucho dulce —sobre todo si es de azúcar blanca— porque produce en él efectos energéticos insospechables, que le permiten ahogar el cansancio y retomar la acción, mientras sus colaboradores, ya agotados, van bajando la cuesta y no alcanzan a entender cómo es posible que semejante excitación la pueda producir la ingesta de un dulce.

Por estas razones, come frugalmente, pero rapidito, sin mucha parafernalia, como hacen los hombres hiperkinéticos que no pueden estar mucho tiempo sentados en un mismo sitio. Ni siquiera lo hace en los consejos comunales, en los que suele permanecer de pie, deambulando de un lado a otro, como si no se hallara. Es probable que por ello no sea un asiduo del teatro, ni del cine, mucho menos de los conciertos de música clásica, los cuales suele esquivar cada vez que puede. «Eso es perder el tiempo» dicen que afirma, como si todas estas facetas del arte en lugar de enriquecerle el alma le desviaran de su cauce, de su misión, de su cruzada en contra de las FARC. Lo cierto es que Uribe Vélez es el único presidente que se da el lujo de llegar a la noche inaugural del Festival Internacional de Teatro en Bogotá, condecorar a Fanny Mickey en el teatro Jorge Eliécer Gaitán, atestado de gente, y salirse antes de que comience la función sin que nadie lo chifle.

Tampoco le gusta frecuentar a la sociedad bogotana, a la que a veces ve demasiado pomposa y seguidora de pesados protocolos que él no hace más que echar abajo. Hace poco recibió la llamada del rey de España, don Juan Carlos. El monarca quería invitarlo a la boda de su hijo el príncipe de Asturias, Felipe de Borbón, con doña Letizia Ortiz. Uribe, sin mayor protocolo, pasó por alto todas esas arandelas que sostienen que a los reyes hay que tratarlos con apelativos dignos de su rango y se le salió «el montañero»:

—¿Aló? ¿Rey? ¿Cómo le va? Sí, cómo no. Muestre a ver si para esa fecha puedo ir a acompañarlo a la boda de su hijo. Sí, Rey, como usted diga. Hasta luego, Rey.

Nunca va a restaurantes. No se le recuerda ni siquiera de candidato en ninguno de estos centros gastronómicos de la elite capitalina. Prefiere la soledad de un plato sin perendengues al tumulto de sabores que traen las buenas viandas. En Europa, durante la agitada gira que lo llevó al Parlamento europeo, declinó varias invitaciones a restaurantes arguyendo que él se azoraba cuando le tocaba comer con más de dos cubiertos.

Desde que llegó al Palacio de Nariño ha sorprendido a tirios y troyanos con una costumbre poco acendrada entre sus antecesores de Palacio, más bien reacios a pasar al teléfono o a responder con prontitud las llamadas. Uribe, por el contrario, recibe todas las llamadas que le sean posibles y cuando no las puede contestar ese mismo día, toma nota para hacerlo al día siguiente. Esto hace de él no sólo un presidente acucioso, sino tremendamente bien informado. Antes de que los medios hablen de un secuestro, hay alguien que lo llama a informarle de lo sucedido. El día que sucedió el masivo secuestro en Neiva, el presidente había recibido una llamada en la que un amigo le informó del múltiple plagio. Si hay una región en donde se esté fraguando un descontento, antes de que el hecho se vuelva noticia en los medios el presidente ya está al tanto de lo que sucede en esa órbita.

Eso sí: como buen político —y Uribe lo es— no se pierde un funeral. Tampoco de dar un pésame. Para ello cuenta con una memoria de computador de varios gigas, capaz de hacer sonrojar hasta al ex mandatario Julio César Turbay, cuya capacidad de recordación —de presidente saludaba a todos los colombianos con que se encontraba por su nombre— había sido imbatible, al menos en estos salones del poder. Como me decía un cacique de fina casta: a nadie se le olvida quiénes fueron al funeral de la mamá de uno, en cambio ¿quién carajos se acuerda de los que fueron a su cumpleaños?

Los sábados también se levanta eufórico, porque es el turno de los interminables y agotadores consejos comunales, y el domingo generalmente sale a visitar algún pueblo, alguna comunidad, que le recuerde su finca ganadera en Córdoba, de 1.020 hectáreas, adonde más bien ha ido poco desde que está en la Presidencia y en la que «descansa» montando a caballo y metiéndose intensas jornadas visitando potreros y verificando al detalle que el ganado esté vacunado, que las vacas las hayan ordeñado. El Ubérrimo es reconocido como una de las fincas de ganado de Córdoba más exitosas y prósperas del departamento.

Es muy raro que el presidente pase un fin de semana en Bogotá y cuando lo hace, para defenderse del tedio que le produce la capital, invita a sus amigos finqueros a que se queden en el cuarto de Laura Pastrana, bautizado así porque desde que Laura se fue nadie duerme en él. «¡Ve, home, el apartamento que te conseguites!» fue la primera expresión que tuvieron sus amigos hacendados cuando entraron al Palacio de Nariño.

Pero hoy no es lunes, ni sábado ni domingo: es martes y anda también metido en la cafetera rumbo a la Sierra Nevada de Santa Marta. Me recuerda en algo al presidente Samper quien, en el momento más álgido de la crisis por cuenta del proceso 8.000, decía que él prefería salir a la provincia y abandonar la capital y sus conspiraciones. Uribe no tiene mayores crisis que lidiar, pero sin embargo también prefiere mantenerse alejado de los lúgubres pasillos de la Casa de Nariño.

A las siete en punto la caravana presidencial atraviesa la pista y llega al hangar de Catam. El presidente Uribe se baja de su carro negro fuertemente blindado. Simultáneamente lo hace su aparato de seguridad, que lo rodea, tratando de seguirle el paso, de adivinar sus movimientos.

Como es ya costumbre, saluda a uno, saluda al otro, saluda al que le sigue y al que está detrás. Ahí están las autoridades militares, las de policía, la niña de los tintos, los que manejan los hangares, etcétera. A todos y a cada uno les dedica su tiempito. Pasan cinco, diez, quince minutos y el presidente sigue repartiendo saludos como si fueran bienaventuranzas.

Uribe parece un mandatario en campaña, en eterna consecución de votos. Cada vez que se mueve lo hace su primer anillo de seguridad, integrado por cinco agentes que tienen la quijotesca misión de rodearlo. Uno de ellos porta un escudo antibalas que esgrime sin mucho éxito. Es azul y el vidrio está un poco averiado.

Aparentemente su aparato de seguridad es precario, poco numeroso, pero en realidad, dicen los expertos, todo es un espejismo concebido para despistar a sus enemigos. Su seguridad es producto de una meticulosa planeación ideada por los norteamericanos, aunque ejecutada por colombianos debidamente entrenados, muy similar, dicen, a los cordones de seguridad que rodean al atribulado ministro israelí Ariel Sharon. Es probable, entonces, que lo que uno ve sea tan sólo una parte de un sofisticado entramado teledirigido desde Washington, ideado para amoldarse sin mayores traumatismos a la personalidad del presidente, a su pasión por los tumultos y las aglomeraciones, sobre todo si éstas son provocadas por su presencia.

Al lado del presidente, abriendo camino, se ve al capitán Amaya, edecán de la Casa Militar de Palacio; de estatura parecida a la del presidente —no superan el metro setenta— y fornido, de constitución como el propio Uribe, al capitán Amaya le ha tocado la difícil tarea de seguirle el trote de aquí para allá, de allá para acá, como si fuera su sombra. Por eso sabe que ahora es el turno de los baños.

¿Los baños? Sí, una de sus más recientes obsesiones: los baños de los aeropuertos. Desde que entró en una ocasión a un baño de un aeropuerto y vio cómo estaba de sucio, decidió emprender una campaña para que éstos se mantengan aseados y limpios, como siempre deben estar. Por eso entra en ellos personalmente con el ceño fruncido, como cualquier supervisor de limpieza. Uribe los revisa con meticulosidad: levanta la tapa del inodoro, posa en ellos su mirada escrutadora y, si no hay novedad, vuelve y la baja. Pasa al otro baño y realiza el mismo *performance*. Levanta la tapa, mira y la baja. Su rictus no cambia hasta que no termina de ver el último inodoro. A su lado, el encargado del aseo del aeropuerto, con el credo en la boca, espera el dictamen: «Los baños están bien, pero podrían estar en mejor estado», le dice el presidente.

Una cabinera muy atenta nos pasa un suculento desayuno. El presidente picotea la comida, mientras se toma las gotas que le envía la doctora Elsa Lucía Arango, su médica homeópata y de quien aprendió la técnica chikún, una forma de relajación china que permite cargar el cuerpo de energía para evitar el agotamiento acumulado durante el día. Sin olvidar al secuestrado en La Jagua de Ibirico, pasa a hablarnos del proyecto de familias guardabosques, atiborrándonos de cifras:

—Tenemos 21.500 familias guardabosques. Cada una de esas familias se beneficia con un aporte que le hacemos de 850.000 pesos mensuales con la condición de que no vuelva a sembrar coca y proteja el bosque. El programa nos cuesta al año aproximadamente 2.000 dólares por familia y espero que el gobierno italiano nos ayude con más platica.

Luego nos reta:

—¿Saben ustedes cuántas extensiones de bosque tenemos todavía en Colombia?

Todos nos miramos. ¿Sabemos o no sabemos? ¿Cañamos o no cañamos? Nuestro silencio es elocuente, incluido el de la ministra del ramo:

—Pues les quiero decir que para mi sorpresa, luego de que mandé a hacer un estudio, del 1.190.000 kilómetros cuadrados que tenemos de extensión, todavía nos quedan 578.000 kilómetros cuadrados de bosque.

Alivia que todavía tengamos tantos bosques. Una buena noticia en medio de tanta mala. Todos asentimos como si estuviéramos ante el maestro de la escuela.

Él vuelve a la carga y prosigue su monólogo intenso, culpable de que no haya alcanzado a terminar su desayuno. De repente, le pide al coronel Osorio que le diga a Luis Alfonso Hoyos, quien va sentado de la clase turista, que se acerque. Hoyos es político conservador, oriundo de Pensilvania, Caldas, dueño del flamante título de Alto Consejero Presidencial encargado de manejar la red y la parte social del Plan Colombia. De 40 años, este consejero tiene además el palmarés de haber sido el congresista más joven en haber llegado al Senado.

Como todos los miembros egregios de esa generación de uribistas jóvenes, habla varios idiomas, ha estudiado en universidades gringas o europeas —hizo una especialización en Ciencia Política en la Universidad de París—, va al mismo gimnasio que frecuentan religiosamente, bien temprano en las mañanas, los otros miembros de este selecto grupo y, como los demás, se mueve por entre los pasillos de Palacio con cierta petulancia. En esta pléyade de colaboradores es difícil encontrar a uno que no mire ni respire por los ojos y los pulmones de Álvaro Uribe, a quien consideran un ser especial, único, que ha llegado al poder para iluminar el futuro de Colombia. Son su corte.

Luis Alfonso Hoyos, de pie en el pasillo del avión, nos empieza a hablar sobre el programa de guardabosques. Sin duda es un hombre locuaz, inteligente, que dispara las mismas cifras que le hemos venido oyendo al presidente. Dicen que él está formado en la escuela Uribe, aquella que hace de las cifras y de los datos la condición sine qua non de cualquier discurso. Los datos significan resultados y los resultados hablan por sí solos. Y es en ese terreno de la praxis, del microuniverso de la política puntual, en donde Uribe y su kínder navegan mejor.

Por la forma como se mueve y por la manera como articula la artillería de cifras y datos, es probable que ese rumor que se escucha en Palacio tenga algún asidero y sea cierto que este joven conservador, jefe de un grupo político de Caldas que preside el senador Oscar Iván Zuloaga —reconocido portavoz de la reelección de Álvaro Uribe en el Congreso—, podría ser el heredero del presidente.

Sin embargo, Hoyos no las tiene todas consigo. El Consejo de Estado le quitó su investidura por haber encontrado que firmaba los cheques de una asesora que en realidad no trabajaba con él en Bogotá, sino que estaba en Nueva York haciendo su especialización. Y aunque él demandó su caso por debido proceso y está a la espera de un fallo absolutorio, lo más probable es que Luis Alfonso Hoyos, como les sucede a tantos otros ex congresistas, no pueda volver al Congreso.

No obstante, para alguien que por el momento tiene dictaminada la muerte política, su palmarés dentro de la escasa oferta burocrática de Uribe es encomiable. No sólo tiene la Red de Solidaridad, sino Cajanal, Caprecom y de no haber sido porque Germán Cardona, el controvertido zar anticorrupción quien renunció para evitar encarar una investigación que se le había abierto en la Procuraduría, también tendría esa cuota. Digamos que es el uribista mejor tratado. A los demás les toca seguir fungiendo de gobiernistas sin tener con qué aceitar la maquinaria. Hoyos y su opaco grupo político en el Congreso bien podrían ser los escogidos del régimen.

Llevamos media hora de vuelo. El presidente, sin perder nunca el control de la conversación, sigue disparándonos temas. Ahora es el turno de la reforestación comercial, una idea que empieza a revolotearle en la cabeza. Mauricio Rodríguez, el director de *Portafolio*, bota una propuesta: ¿y si el Gobierno considerara hacer una exención no sólo a los comerciantes que inviertan en ella sino a los colombianos que quieran, a través de bonos, donar un dinero? Aunque nos dice al vuelo que en su gobierno no está muy en boga ampliar el régimen de exenciones, inmediatamente cambia de semblante, señal de que la pregunta le ha hecho prender el bombillo. Entonces el agite comienza:

—Llámenme a Andrés Arias, nuestro viceministro de Agricultura, para ver qué opina.

Al instante el coronel Osorio —siempre el coronel Osorio— lo llama. Algo más joven que Hoyos, Andrés Felipe Arias parece un *golden boy* a sus 31 años: ojos claros, rubio, aunque de pequeña estatura; es economista de la Universidad de los Andes y viene de hacer un PHD en economía en la Universidad de California, importante trayectoria que me imagino le da la energía para mantener esa mirada con ínfulas de niño sobrado que se le advierte.

Arias es otro miembro egregio del kínder de Uribe. Hasta hace poco fue director de política macroeconómica del Ministerio de Hacienda, pero desde hace un tiempo se estrena como viceministro de Agricultura. El presidente lo lleva con él a todas partes: «A estos muchachos hay que mostrarles el país real», nos dice. De donde viene tenía que desmontar todas las exenciones y le cae poco en gracia el que ahora tenga que volver a montarlas. Al fin ¿qué? A lo mejor sea cierto lo que dicen del presidente, en el sentido de que en él cohabitan al menos dos Uribes: uno cerril, proteccionista, hacendado, y otro urbano, neoliberal y aperturista. Vaya uno a saber si esa pelea entre los dos es lo que lo mantiene siempre tan en guardia, tan en control de las cosas y tan alejado del licor.

Uribe dice que ya no toma porque es de muy malos tragos. «Se me sale el diablo que llevo dentro», le dijo una vez a su amigo Pedro Juan Moreno, su controvertido secretario de Gobierno en la Gobernación de Antioquia, cuando una noche, al terminar una de esas correrías, muy parecidas a las que hoy hace por todo el país como presidente, terminaron en un rancho al frente de unos «guaros» y Uribe los retiró. «Yo no tengo ese problema», le respondió un desabrochado Pedro Juan Moreno a Uribe: «Yo ya tengo el diablo afuera».

Quienes conocieron entonces al presidente afirman que era muy distinto al Uribe de hoy, siempre estricto, sicorrígido, siempre en control de las cosas, obsesionado por el trabajo sin descanso, sin sosiego. El Uribe que tomaba trago era tremendamente entrador, amante de las buenas coplas, de los tríos y de las fiestas; este Uribe se hubiera parecido a Belisario Betancur, otro presidente paisa que nunca ocultó su lado bohemio, su faceta de seductor y de poeta. Sin embargo era cierto también que, a diferencia de Betancur, Uribe no tenía buenos tragos. Se volvía agresivo, camorrero, buscapleitos, como solían ser casi todos los políticos que por ese momento hacían parte del directorio de Antioquia.

Es probable que puestos sobre el fiel de la balanza sus ansias de llegar a la Presidencia y su pasión por el trago, hubiera ganado a leguas la primera sobre la segunda. Dicen que el presidente dejó el trago después de uno de estos episodios violentos, los cuales ya se habían vuelto recurrentes en su trajinar de político bohemio; de tanto repetirse terminaron un día por rebosar la copa del propio Uribe. Desde entonces no ha vuelto a tomarse un trago.

Dicen que ese Uribe desmedido, explosivo, sentimental, poeta y enamoradizo se esfumó como por arte de magia, como si lo hubiera hecho desaparecer un hechizo. En cambio resurgió un Uribe tremendamente metódico, rígido, implacable con los débiles de espíritu, que siempre quiere tener el control de las cosas, de las situaciones, de los detalles. Su actitud ante la vida es la misma que tienen los que en algún momento han estado a punto de caer en esas profundidades, allí donde hiberna su lado endiablado y luciferino. El licor en todas sus manifestaciones está prohibido en Palacio, sobra decirlo. Lo mismo que el cigarrillo. Su esposa, Lina, fuma y le gusta, pero lo hace a escondidas de su esposo.

Quienes conocen a Uribe aseguran que al pobre viceministro Andrés Arias lo debe tener todavía desesperado con el tema —el de las exenciones—, llamándolo a horas insospechadas para preguntarle si le ha echado cabeza a la propuesta. Eso sin contar con las llamadas incesantes que reciben del presidente por cuenta de la caída del dólar, otra de sus recientes obsesiones, no sólo el viceministro Arias sino otros integrantes del kínder, como Alejandro Gaviria —hasta hace poco su segundo hombre en Planeación— y Juan Ricardo Ortega, un economista de 36 años con un máster en desarrollo internacional y economía en la Universidad de Yale —quien se estrena ahora como viceministro de Comercio Exterior luego de haber sido viceministro de Hacienda.

Cuentan que el ministro de Hacienda, Alberto Carrasquilla, desesperado con el desorden institucional que se desprendía de la cercanía que había entre Uribe y Ortega, decidió sacarlo del Ministerio y poner la casa en orden. A los pocos días, el poder desde el Olimpo se dejó sentir y Ortega fue nombrado viceministro de Comercio Exterior.

Igual estatus tiene Carolina Rentería, la joven directora general del Presupuesto Público Nacional del Ministerio de Hacienda, una de las personas que más ve el presidente, aunque los medios poco la reconozcan. Ella prácticamente no sale de su despacho cuando el presidente está en Palacio; si el mandatario parte hacia un municipio a instalar un consejo, ella siempre va en su comitiva al lado de los otros miembros del kínder. Esta economista de los Andes es la persona que le hace «los milagritos» al presidente; la que brega para encontrar la platica para un puentecito o para el acueducto de una vereda. Ella hace lo que puede: saca de aquí para allá y de allá para acá y generalmente se las ingenia para complacer al presidente.

A todos los miembros del kínder, sin excepción, el presidente los pone a parir con sus llamadas, las cuales siempre se producen en la mitad de algo, camino hacia una reunión importante o cuando tienen un pedazo de sándwich en la boca: «¿Usamos las reservas que tiene el Banco de la República? ¿Cómo que el Banco no quiere usarlas para prepagar la deuda? ¿Hay platica para este puentecito? ¿Desgravamos las remesas? ¿Las volvemos a gravar?».

A estas alturas del partido ya han aprendido que nunca se le debe responder al presidente algo que no esté sustentado debidamente, porque a la vuelta de unos días puede ser usado en su contra. «Lo que usted me dijo no se puede hacer por tal y tal razón. No salen las cifras», suele ser la frase que hay que evitar a como dé lugar. Aristóteles decía que las virtudes cuando se ejercen en demasía se vuelven vicios. «Ojalá el presidente sepa manejar sus obsesiones y sus ideas fijas sin olvidar las enseñanzas aristotélicas» afirma un antioqueño paisa que lo conoce de cerca y de siempre.

Este asedio permanente, que mantiene la libido del kínder, pero que a los codirectores del Banco los tiene del timbo al tambo, haciéndole el quite al bombardeo de las propuestas presidenciales, afortunadamente no alcanza a salpicar la órbita de los ministros a quienes Uribe llama con bastante menos frecuencia. Tanta que Fernando Londoño, uno de los ministros aparentemente más cercanos al presidente, confesó en una ocasión que él no había podido estar con el mandatario más de cinco minutos en privado durante su gestión.

Muy pocas veces Uribe recibe a solas a alguien en su despacho, mucho menos si esa persona es un ministro controvertido. Siempre está obsesionado por mostrar que en su gobierno no hay secretos, no hay jugadas por debajo de la mesa y por eso huye de las reuniones a puerta cerrada. Siempre están por ahí José Obdulio o José Roberto Arango quienes pueden entrar al despacho del presidente sin anunciarse.

Cuando se trata de amigos de vieja data, como el ex presidente Samper, suele hacer una excepción y acepta recibirlos a solas, pero bajo el riesgo de que en cualquier momento, impulsado por una noticia que le entra en reversa y que le hace saltar la chispa, el presidente termine revelando el contenido de la reunión, generalmente de manera abrupta y atropellada.

No ha debido ser fácil para el ministro de Hacienda —como tampoco lo fue para Roberto Junguito— el hecho irrefutable de que sus subalternos resulten yendo con más frecuencia a Palacio que los propios ministros.

Tampoco suena muy convincente el argumento según el cual al presidente le da vergüenza llamar a altas horas de la noche a sus ministros para preguntarles sobre cosas muy puntuales y por eso prefiere establecer ese canal con los viceministros.

No hay duda de que Uribe prefiere moverse en las esferas del kínder, de sus «consentidas», de sus «consentidos», de sus uribistas pura sangre, importunando a sus jóvenes sabelotodos que están dispuestos a cualquier sacrificio con tal de darle respuesta a sus incesantes obsesiones, sobre todo aquellas que le suelen prender el bombillo. A los ministros hay que darles agua de tilo o de mejorana, o enviarlos a una sesión de chikún, porque tienen que hacer de tripas corazón y aprender a trabajar en medio de este desmadre, a sabiendas de que el respeto por las líneas de mando y por los conductos normales, que sostienen la institucionalidad dentro de un Estado, no son precisamente las consignas que el presidente suele atesorar con más devoción.

Lo cierto es que este kínder de Uribe ocupa hoy un gran número de viceministerios y, a pesar de su poca visibilidad —casi ninguno es conocido—, constituye el anillo asesor que más cerca está de Uribe, descontando, claro, su círculo privado, integrado por sus hombres y mujeres de confianza, quienes a pesar de ser más curtidos en años y experiencia, mantienen frente a Uribe la misma sensación de asombro y de admiración que profesa el kínder de Uribe. Para ellos el presidente también es un ser excepcional, predestinado, «cuasi-divino».

Este primer anillo de poder está integrado por su asesor principal, el empresario paisa José Roberto Arango, por «su» secretaria privada, Alicia Arango, por José Obdulio Gaviria, un abogado antioqueño proveniente de la izquierda, por Jaime Bermúdez, bogotano uniandino, experto en opinión y en manejo de encuestas, y por el veterano periodista Ricardo Galán. Caso aparte es la figura patriarcal que representa el «doctor Fabio» —así llama el presidente a Fabio Echeverri—, el empresario paisa y ex presidente de la ANDI, quien ejerce sobre Álvaro Uribe una influencia muy especial a pesar de que no vaya todos los días a Palacio.

Otro nombre que habría que poner allí sería el de Santiago Montenegro, su jefe de Planeación, quien ha conseguido tejer una relación muy cercana con el mandatario, a pesar de que no se conocían antes y de que él venía de las toldas del noemicismo. Hoy Santiago Montenegro se ha convertido en una voz importante a la que el presidente escucha con detenimiento. Tanta será su influencia que ya hay voces que sugieren que Montenegro se la pasa más en el despacho del presidente que en el de Planeación.

Queda por último Alberto Velásquez, otro caldense que viene del sector privado a prestar sus servicios como secretario general, un puesto bastante importante dentro de la nomenclatura del poder. No sólo cumple una función de *chief of staff*, sino que es el encargado de manejar las relaciones con el Congreso. Velásquez, a quien en el Congreso se le conoce con el nombre de El Mariachi, debido imagino a su tremendo parecido con estos repuestos exponentes de la música mejicana, es, sin embargo, un hombre más bien poco entrador, que no ha demostrado mayor destreza en el manejo de las relaciones con los políticos.

Aterrizamos a las once de la mañana sin contratiempos en el aeropuerto Simón Bolívar de Santa Marta. Se abren las escotillas del avión. A nosotros nos trasladan a unos helicópteros que nos esperan impacientes, como si estuviéramos a punto de filmar una escena de *Apocalipsis Now*. El presidente, en cambio, procede a su ya tradicional parada aeroportuaria. Están las autoridades militares, de policía, las locales, las departamentales; los políticos con sus hijos pequeños, ataviados con la pinta dominguera; los líderes comunales, que traen desde lejos a sus bebés a cuestas, y, desde luego, las aseadoras de los baños del aeropuerto, dispuestas a pasar el examen.

Su aparato de seguridad lo sigue como puede. Ahí va medio atafagado el que carga el escudo, porque no sabe en qué momento el presidente se le va a perder. Afortunadamente no hay por el camino ningún cajero automático, ni ningún embolador cerca que pueda hacerlo cambiar de ruta. Tampoco ninguna barbería de esas de pueblo que suelen cortar el cabello a los varones, dejándoles siempre arriba un copete al estilo del Pájaro Loco. Si los hubiese, ya estaría sacando plata en medio del tumulto, dejándose embolar del primero que se le hubiera acercado y conversando con el barbero mientras éste perfila de manera inclemente con su cuchilla un preocupante copete presidencial, el mismo que ya le es característico.

No vale explicarle al presidente que por seguridad es mejor que no haga ni lo uno ni lo otro. Ya una vez tuvieron que sacarlo de un cajero por fuerza mayor en pleno centro de Bogotá, luego de que se escuchó una fuerte balacera cerca de donde se encontraba la caravana presidencial. Inmediatamente la guardia pretoriana cogió al presidente, lo levantó del suelo, lo cargó como se carga a los niños traviesos, hasta que lo enchufaron en el carro. Insiste de todas maneras en pagar personalmente su celular y en estar pendiente de las cosas que se necesitan en El Ubérrimo personalmente.

En una ocasión decidió cambiar las aperos de sus caballos y llamó él mismo, por su celular de siempre, al dueño del almacén.

—¿A ver? ...habla con Álvaro Uribe Vélez, el de la finca El Ubérrimo. Es que necesito unas monturas para mis caballos. ¿Podría enviarme unas cuantas para mirarlas aquí, al Palacio de Nariño?

Fueron varios los intentos que tuvo que hacer el presidente para que el dueño del almacén le creyera que quien lo estaba llamando en efecto era Álvaro Uribe Vélez. Que no era una pega, ni un mal chiste. Difícil imaginar que todo un presidente no tuviera a alguien encargado del asunto de su finca ni que anduviera pendiente del estado de los aperos, de sus jáquimas y de sus enjalmas. Fue sólo como a la tercera llamada que el dueño del almacén se dio cuenta de que la voz que decía ser del presidente de Colombia era en realidad la de Álvaro Uribe Vélez. Ni más ni menos.

Inmediatamente se dio a la tarea. Envió al propio con las monturas a Palacio. Las recibieron abajo como reciben todos los paquetes. Y en medio de una cosa y otra, el presidente las desparramó en su despacho presidencial. Los asesores que alcanzaron a entrar se sorprendieron al ver a Uribe prácticamente en el suelo comparando la calidad de las monturas. Al caer la tarde ya sabía cuáles eran las indicadas para El Ubérrimo.

Hace calor. El presidente termina su tanda de saludos y llega sin contratiempos al helicóptero. Nos distribuye a su leal saber y entender. «Usted aquí. Fulano allá. Así está bien». Él se sienta al lado del comandante de la Brigada quien se sube con nosotros y empieza a reportarle a Uribe los últimos acontecimientos de orden público en la zona, mientras que el helicóptero se enruta hacia la vertiente del río Guachaca. Al otro lado va el ministro de Defensa, mirando el paisaje. A su lado se advierte a una callada ministra de Vivienda y Medio Ambiente. Sólo se escucha la voz entrecortada del general Montoya, de la Primera División, que le habla al oído al presidente sobre las andanzas «del bandido del Mono Jojoy».

Ya en las alturas, Uribe vuelve a ser el cartógrafo que siempre quiso ser. Aquí va este río, aquí va este otro. Para allá queda Córdoba, su tierra querida, y para allá La Guajira.

Aterrizamos al poco tiempo en un potrero verde, en una zona cerca del mar, frente a una gran plantación de banano, que colinda con el parque Tayrona, una hermosa reserva ecológica que infortunadamente ha caído en manos de los narcos y de los paras en los últimos años, situación que ya le ha costado la vida a dos directores de este parque. El último asesinato sucedió en enero de 2004, cuando un par de sicarios entró a la casa de la directora del Parque en Santa Marta y la cosió a balazos.

Arriba, imponente, se alcanza a ver la Sierra Nevada de Santa Marta, lugar mágico, hermoso, que ha servido de madriguera tanto para los grupos paramilitares como para los grupos guerrilleros. Los paras dominan todas las tierras bajas que rodean la Sierra Nevada, incluidas las capitales departamentales, y también han logrado el control de vastas zonas montañosas empujando a las guerrillas hacia las montañas más altas, donde están los lugares sagrados de los kogis, hostigando como nunca a los indígenas.

El presidente nos instruye antes de bajar del helicóptero, como si fuera el jefe de la expedición: «¡Por atrás, por favor! Nunca se debe bajar de un helicóptero por delante porque las aspas lo pueden coger a uno», previene la voz del presidente como si, además de jefe de los colombianos, fuera el supervisor de la expedición. Nos introducen en unos buses. El mandatario protagoniza otra tanda de saludos, de recomendaciones y peticiones de gente de la región que ha ido a esperarlo. No por nada recibe 600 cartas diarias, un promedio de 18.000 mensuales, las cuales son respondidas por las hormiguitas que trabajan en la Secretaría Privada de Palacio.

Uribe se monta de último al bus, seguido siempre de sus hombres-sombra y del demediado escudo antibalas que no lo abandona. Luego de unos diez minutos, llegamos al lugar de la reunión, un hotel sobre el río Mendiguaca, con demasiado cemento, ostentoso, que no tiene mucho qué ver con la sencillez de la arquitectura indígena ni con la cultura ecológica que debería preservar un lugar considerado reserva mundial, sobre todo a la hora de concebir la explotación turística.

Nadie lo dice pero algunos lo comentan: si estamos en la vertiente del río Guachaca, ésta debe ser una zona dominada por los paramilitares que desde tiempo atrás se han dedicado al negocio del comercio de la coca, convirtiendo la región en una alfombra verde llena de plantaciones de coca.

Los paras tienen una amplia aceptación en ciertas capas de esta región, sobre todo entre los medianos y grandes dueños de tierras quienes, cansados de vivir asolados por la guerrilla, hoy pagan gustosos una mensualidad a los paras. «Cobran diez millones de pesos por cada diez mil hectáreas» me advirtió un finquero de la zona. No obstante, ya empieza a haber descontento por parte de algunos sectores, sobre todo entre los tenderos que tienen su chuzo en el mercado de Santa Marta o de Valledupar: no se resignan a tener que pagarles a los paras diez mil pesos diarios.

En la primera fila, vestidos de lino blanco impecable, están los notables de la región. Atrás, los más de 750 campesinos que están ahí para vitorear a Uribe y recibir su chequecito. El presidente se baja del bus y de nuevo los ánimos del tumulto se alborotan. Sólo se distingue su sombrero blanco cuando camina por entre una muchedumbre que lo aborda, que lo toca. Los del escudo hacen lo que pueden pero no es fácil su trabajo. Logra llegar a la tarima y saluda a las autoridades: al gobernador, al alcalde, al coronel de la Policía. Se sienta.

Mientras las autoridades del departamento pronuncian discursos en los que se implora su reelección —el asesinato reciente de la directora del Parque no es registrado por ninguno de ellos— y se escuchan aplausos apoteósicos, él, atento, revisa que no se le pase ni un nombre en el saludo protocolario. Verifica una vez más la lista, antes de levantarse y situarse frente al micrófono. Seguro va a improvisar. Nunca se apega a los discursos por más que sus asesores se esmeren en buscarle frases de Churchill o de Lincoln, dos hombres que ejercen una influencia directa sobre su intelecto. Definitivamente improvisa: en el mismo tono, con las mismas palabras con que nos venía aleccionando en el avión, explica su mensaje:

—Vamos a tener que hacer un gastico a cambio de ese dinerito que hoy les vamos a dar —afirma el presidente ya casi al final de su discurso—. Vamos a tener que pedirles que ayuden con información a la fuerza pública para que ustedes puedan vivir sin guerrilla y sin paramilitares. A ver, comandante, explíqueles a estos señores cómo hacer para conseguir que nos presten esa ayudita. (El comandante de la Policía del Magdalena informa que ya hacen parte del programa de informantes cerca de 13.000 ciudadanos).

—¿Cuántos de ustedes nos quieren ayudar?

Un sinfín de manos se alzan en el horizonte.

—¿Cuántos varones hay aquí cabeza de familia? —pregunta de nuevo el mandatario.

Trata de contar pero es imposible.

—¿Cuántas mujeres hay cabeza de familia?

Unas veinte manos se ven alzadas.

—Pues que sea la última vez que le entrego platica a los varones. Les voy a pedir que de ahora en adelante dejen que sean sus mujeres las que reciban el dinerito. Ellas saben manejar mejor la platica que nosotros.

La sesión se levanta. Una persona del lugar, líder comunal, se me acerca y me dice:

—¿Sabes de dónde vienen todos estos campesinos?

—Sí, de la Sierra —respondo.

—Te equivocas. Vienen de donde Giraldo, el para que maneja la zona. ¿Y sabes qué va a pasar con la plata que les están dando a los campesinos?

—No.

—Hombre, pues que de los 850.000 que reciben los campesinos la mitad va para el jefe paramilitar. Y en cuanto a la promesa de no sembrar coca, es probable que muchos dejen de sembrar en esta vertiente y trasladen su cultivo a otro lugar de la Sierra.

Media hora después, luego de que el presidente se despidió y atendió a casi todos los que querían hablar con él, el bus partió del hotel rumbo al lugar donde estaban los helicópteros. Una vez allí, le sonó una idea; la sugirió el ex ministro del Medio Ambiente, Juan Mayr: ¿Por qué no ir a Ciudad Perdida? «¿Y el ELN y las FARC?... No creo que sea conveniente ir con el presidente», admitió el ministro de Defensa, a quien hace rato no se le escuchaba la voz.

Uribe consultó con el general Montoya, que estaba a su lado. El alto oficial respondió con una frase contundente: «Ese viaje no es posible hacerlo porque no se ha asegurado previamente el área». Mayr volvió a insistir: «Y entonces ¿por qué no la sobrevolamos». Nueva tanda de consultas hasta que salió humo blanco: «No vamos a aterrizar en Ciudad Perdida, pero sí la vamos a sobrevolar», nos dice el presidente, inclinando la cabeza hacia un lado, como si ese fuera un acto lo suficientemente audaz como para desafiar a la guerrilla.

Acto seguido los helicópteros despegaron con el propósito de remontar las cuencas de los ríos Buritaca y Guachaca, dominadas por los paramilitares. Desde el aire pudimos ver las tierras sembradas de extensos cultivos de coca. Su color verde claro sobresalía como un tapete entre la espesa vegetación. Nadie dijo que estas tierras que veíamos desde el aire, camino a Ciudad Perdida, pertenecían en su gran mayoría a las familias guardabosques que acababan de recibir del propio presidente su primer chequecito.

Al cabo de unos diez minutos de abrirnos paso por entre las montañas apareció Ciudad Perdida, aún espléndida, enclavada en la ladera de una montaña. Los pilotos hicieron dos vueltas para verla de cerca. Por razones de seguridad era mejor no quedarse mucho tiempo en la zona.

El cambio de planes, con todo lo engorroso, no produjo mayores traumatismos en el aparato de seguridad del presidente. Ya se está haciendo costumbre este tipo de alteraciones que de un momento a otro cambian los planes de ruta. Difícil hacer desmontar al presidente de una idea que ya tiene en la cabeza. «Es mente-fija». Así definen su testarudez ciertas voces en Palacio.

Todavía el capitán del avión presidencial se acuerda de cuando en pleno vuelo, y viniendo de Bolivia, el presidente decidió aterrizar en Leticia, así sin ton ni son. Se bajó del avión y preguntó por el director del aeropuerto. No estaba. Me cuentan que el mandatario se enfureció aún más cuando advirtió el mal estado de las instalaciones, de las «maticas» y, obviamente, de los baños.

A su llegada a Bogotá reportó lo sucedido al jefe inmediato del funcionario. A los pocos días era despedido de su puesto. En otra ocasión, rumbo a Costa Rica, alguien le informó al presidente que San Andrés estaba hecho una porquería. Pues le dijo al capitán que aterrizara en San Andrés de improviso, a las once de la noche. Una vez en la isla, llamó al Ejército y puso a los soldados junto con el gobernador y su gente a barrer las calles de la isla, hasta bien entrada la madrugada.

De regreso a Santa Marta, el presidente Uribe tuvo tiempo de echarse un *motoso*, que en el argot gerencial se denomina *power nap*, la siesta de los poderosos: corta, intensa y reponedora. Aterrizamos de nuevo en Santa Marta, con el alma engrandecida después de recorrer la imponencia de esas montañas, salpicadas de tapetes de plantaciones de coca. Nos bajamos de los helicópteros —el presidente ayuda a todas las mujeres a bajarse del aparato, no sin antes volver a recordarnos lo de las aspas—. Tenemos tiempo para estirar las piernas y caminar rumbo al avión.

El presidente sigue en lo suyo. Ahora vienen los abrazos de despedida. De nuevo están las autoridades civiles, las militares, la clase política, amigos, curiosos, las familias con sus niños. De todos se despide y de algunos recibe regalos. El presidente los mira, los agradece y los pasa a las manos del capitán Amaya. Finalmente entra en la cafetera. Como es ya costumbre, se va a la parte posterior del avión a comentar la jornada con sus demás funcionarios. A cada uno le pregunta una cosita. Hace un recuento de lo sucedido. Uno que otro apunte, uno que otro gracejo. Vuelve a la parte delantera. Cuando se va a sentar alcanza a advertir que Enrique Santos Calderón se ha tomado el atrevimiento de traer en su mano una lata de cerveza bien fría, la cual, en realidad, se la había suministrado un consejero presidencial.

—¡Caramba! ...qué privilegios —le dice al codirector de *El Tiempo*, como para que los demás funcionarios recuerden que a él no le gusta que se tomen bebidas alcohólicas en los aviones.

Una vez la anterior ministra del Medio Ambiente cometió el error de pedir en una de estas devueltas un whisky con hielo. ¿Por qué no? Los ministros que estaban en la cabina quedaron súpitos al oír la petición. El presidente la escuchó, pero no le dijo nada, aunque su semblante ya adivinaba un rictus poco alentador. Llamó a la cabinera y le dijo bien fuerte, para que todo el mundo —pero sobre todo, la ministra— oyera:

— Mire a ver si quedó algo de lo que dejó la administración anterior.

Una vez despegamos, Uribe nos volvió a someter a su ritmo y trajo a colación un tema que nos confirmó algo que es una realidad en su gobierno: que sus consideraciones ecológicas o medioambientales, además de ser vagas y etéreas, están supeditadas a la política de seguridad democrática:

—Hay que hacer pronto lo del desarrollo turístico del parque Tayrona —le dijo mirando a la ministra.

—Un parque con empleo es el mejor antídoto para evitar que caiga en manos de los violentos. No podemos aplazarlo más —siguió insistiéndole el presidente a la ministra mientras se sentaba de nuevo en la silla del avión.

—El problema, presidente —respondió la ministra—, es que vamos a dar el Parque en concesión y hasta tanto no lo hagamos no podemos hacer nada. Además, está el tema de la fumigación sobre los parques que, entiendo, causa muchos cuestionamientos. Semanas después la ministra le comunicó al país que no se fumigarían los parques nacionales.

—Ojalá ese desarrollo turístico se haga respetando el ecosistema de la Sierra —advirtió el ex ministro del Medio Ambiente, Mayr, quien nos puso en antecedentes sobre cómo se había acordado con todos los interesados la realización de un estudio de capacidad de carga de los ecosistemas para garantizar un ecoturismo con todos los controles. De todas formas, advirtió que antes de entregar el Parque en concesión habría que solucionar el problema de los títulos de propiedad de la tierra.

—Mire a ver, ministra, cómo conseguimos que lo que allí se construya sea bajo la óptica de los albergues ecoturísticos.

—Sí, presidente —asintió la ministra.

Ya vamos a aterrizar. El tema se pone más caliente. ¿Y el acuerdo humanitario? ¿Y los paras? ¿Qué hacer con ellos?

—A mí cómo no me va a doler la tragedia de las familias que tienen a sus familiares secuestrados, ¡por Dios! —afirmó en un momento dado el presidente, frunciendo el ceño—. Yo ya modifiqué en una ocasión nuestra posición cuando fui a hablar con Koffi Annan. Yo había dicho que no se podía hablar de acuerdo humanitario mientras no hubiera un proceso de negociación con la guerrilla. Acepté separar las dos cosas y le di mi apoyo a los buenos oficios de la Iglesia. Sin embargo, también les he dicho a varias de las ONG, con las que me reuní en Europa, que me entendieran, que yo no podía desmoralizar a la tropa con un acuerdo humanitario que les permita a los guerrilleros liberados volver a delinquir. También les dije que como primera opción íbamos a intentar su rescate, para traerlos sanos y salvos a sus hogares. ¡Ah!... y además les dije que yo no oigo, que en eso no cambio.

Esa tarde entendí, por primera vez, que en este gobierno no va a haber nunca un acuerdo humanitario. Y que los tímidos apoyos que le da a las iniciativas, como la que desarrolla la Iglesia, no son más que saludos a la bandera.

—¿Y el proceso con los paras?

—Yo les confieso que hasta yo mismo tengo mis dudas sobre la ley de alternatividad. Si los paramilitares no se concentran en zonas y no se dejan verificar este proceso no va a funcionar.

Curioso el curso que ha tomado desde entonces el proceso de paz con los paramilitares, así como la polémica ley, tan criticada tanto por las ONG nacionales e internacionales como por el gobierno norteamericano. Luego de la desaparición, hasta el momento inexplicada, de Carlos Castaño, el Gobierno concertó con los comandantes del bloque norte de las AUC una zona desmilitarizada para que desde allí se iniciaran las negociaciones y la OEA pudiera comenzar la verificación.

Sin embargo, en San José de Ralito sólo están concentrados los comandantes. De tal manera que, mientras los jefes paramilitares hablan con el Gobierno, sus ejércitos, sus huestes, lejos de cualquier ejercicio de verificación, siguen actuando al margen de la ley. Cómo será de evidente la situación que incluso la propia oficina del Alto Comisionado para la Paz ha afirmado en más de una ocasión que los paras no han respetado el cese de hostilidades.

Otra ha sido la historia de la ley de alternatividad. Cuentan que cuando ésta fue presentada a los paras, en las primeras reuniones que se hicieron al comienzo del gobierno de Uribe, sucedió esta anécdota. Luis Carlos Restrepo llegó a la reunión y planteó la idea sobre el proyecto de ley. En un momento dado los paramilitares le fueron a preguntar sobre las penas, al parecer ellos querían abogar por penas menores, él los miró y les dijo: «Esta ley no tiene penas».

Dos años largos han pasado desde entonces hasta que, luego de un viaje a Estados Unidos en el que el presidente conversó con Collin Powell, con José Miguel Vivanco, de Human Rights Watch, y con el ex presidente Gaviria y todos, desde sus respectivas esquinas, le volvieron a plantear sus reservas, Uribe aceptó ciertas sugerencias, muchas de las cuales ya habían sido planteadas por el senador Rafael Pardo.

La primera: imponer una pena mínima de cinco años para aquellos que han cometido delitos atroces, condición que Uribe siempre había desechado. La segunda, quitar el tema de la extradición de la mesa porque no era negociable, requisito que quedó neutralizado desde que el propio Uribe les dijo que si se portaban bien no los iba a extraditar. ¿Cómo llegó al convencimiento de que había que hacer estos cambios después de un año de insistir en seguir adelante con el proyecto tal y como había sido planteado?

Difícil saber cuál fue el tornillo que se le aflojó ya que, por lo general, Uribe es un hombre seriamente testarudo que cuando se embarca en una idea no la abandona tan fácilmente. Claro que también existe la otra posibilidad: la de que al presidente no se le aflojó ningún tornillo y que sólo hubo una concesión meramente virtual de cara a la tribuna que le puede permitir, después de un tiempo, volver sobre su idea inicial.

A las tres de la tarde del mismo día aterrizamos en Catam. No hay cola para ningún besamanos. Estamos en la capital, la tediosa Bogotá, según el jefe de Estado. «Ahora nos toca volver a los pasillos de Palacio», nos dice resignado, alzando los ojos, sin que por ello se inmuten sus anteojos redondos y transparentes, esos que a veces le dan un incontestable aire de Harry Potter.

Va saliendo su comitiva. Primero el hombre del escudo y el anillo de seguridad presidencial. Después el jefe del Estado, el ministro de Defensa, la ministra de Medio Ambiente, el gobernador del Cesar, Alicia Arango, José Roberto, José Obdulio…

Ya en el aeropuerto de Catam las cosas vuelven a su lugar. El presidente empieza a pedir que se le comunique con Fulano, con Zutano.

—La próxima vez los invito a Ciudad Perdida —nos dice a manera de despedida, como si en lugar de estar hablándonos a nosotros las palabras estuvieran dirigidas al Mono Jojoy.

En una hora, vestido de Everfit y de punta en blanco —perfumado incluso—, estará despachando en Palacio, recibiendo a los diputados de Antioquia, al alcalde de Ramiriquí o a cualquiera que le llame o le pida cita.

2
El japonés que amansa caballos

El primer Consejo de Ministros de Uribe fue a los dos días de haber llegado a Palacio. Reunió todo su gabinete y, antes de introducir los temas de la agenda, les hizo pasar una caja de herramientas para que todos la vieran. Uno a uno la fueron auscultando. En ella había un destornillador, una bayetilla, un martillo y unos clavos. Se trataba de un regalo que un amigo le había hecho. Uribe, emocionado, quería compartirlo con sus ministros para que entendieran cómo era que él iba a gobernar.

Para ambientar el tema, que sobra decir los tomó por sorpresa, les echó el cuento del japonés y del americano dueño de una fábrica en el sur. Mientras el segundo llegaba en un Cadillac a 200 kilómetros por hora, tomando cerveza y mirando por encima las cosas, daba algunas

indicaciones y se volvía a ir, el japonés, con un destornillador, un alicate y un frasquito de aceite, se ponía a trabajar con sus empleados soldando lo que hubiere que
soldar, atornillando lo que hubiere que atornillar, corri-
giendo todos los detalles.

—Yo soy ese japonés que se mete con el destornillador
en mano a arreglar lo que no funciona —les dijo Uribe.

Es probable que muy pocos ministros entendieron en
realidad el mensaje cifrado que había detrás de esa caja
de herramientas, la misma que tiene un puesto destaca-
do al lado de cuatro hormigas gigantes hechas en metal
—sí, cómo no, cerca de allí está el inmenso *Atlas* de ma-
rras— en la mesa grande de su despacho. Desde que alguien le regaló las hormigas, el presidente las puso allí,
como símbolo de la laboriosidad y del buen ejemplo. Sin
embargo, hay la sospecha de que sirven también para re-
convertir a las almas que entran a su despacho padecien-
do una debilidad por los goces epicúreos. Hace rato no se
oye en ese despacho el ruido pecaminoso de los hielos
estrellándose en un vaso que va a llenarse de whisky. Sólo
se ofrece cardamomo y clavos.

Lo que sí no les dijo el presidente a sus ministros en
ese primer Consejo, pero que es un hecho irrefutable, ya
reconocido y aceptado, es que en su gobierno ellos no iban
a ser ministros propiamente dichos sino ayudantes del
japonés. Tampoco les dijo que su órbita de autonomía iba
a ser irrisoria ni que estaría atravesada enteramente por
la presencia intensa, dominante y seductora del presidente
quien los reduciría a simples soldados, con la misión de
enfrentarse a un ejército de cifras, a sabiendas de que podían morir en el intento.

Ninguno de ellos sabía de antemano que su gestión estaría sujeta a metas fijas impuestas a partir de las «Siete herramientas de trabajo», su propuesta base de campaña, y que los Consejos de Ministros iban a ser, más que un conclave del gabinete, un «tumulto organizado», al que puede llegar Raimundo y todo el mundo. A estos Consejos va toda la corte, además de los asolados ministros, es decir, los viceministros —sobre todo los que son más cercanos al presidente—, los jefes de departamentos, los directores de institutos, los asesores que anden por ahí, la secretaria privada y hasta Ricardo Galán, el jefe de Prensa de Palacio, quien suele meter la cucharada con frecuencia sin que les parezca una flor extraña.

A pesar de que el encargado de moderar es José Roberto Arango, el presidente termina ejerciendo esa potestad de manera inevitable, señalando aquí y allá quién debe intervenir. Uribe escucha las peticiones y cuando siente que tiene que decir algo interpela y se sienta en la palabra. Para eso es el presidente.

En general, la dinámica de los Consejos se desarrolla en medio de un rosario de peticiones, de voces, de opiniones, que si bien le permite a todo el mundo expresarse, resulta a la postre un ejercicio hasta cierto punto inerte porque le resta dinamismo. Se va de una opinión a otra, de un tema a otro, sin ninguna coherencia, sin ningún norte, pero en cambio se le permite a todo el tumulto decir su frasecita. «Como no hay orden, los Consejos de Ministros son bastante tediosos y caóticos», me advierte una voz que ha estado en ellos y que agrega que no ocurre así en las reuniones del Conpes las cuales, por girar alrededor de un documento, tienen más orden, más coherencia.

A lo mejor por eso es que los Consejos de Ministros se hacen con una frecuencia menor que la que mantenían gobiernos anteriores, acostumbrados en general a hacerlos cada semana y no cada dos como sucede en el gobierno de Uribe. Anualmente todos deben pasar el gran examen ante las cámaras de televisión en los Consejos de Ministros televisados, una especie de *reality* criollo en donde los ministros le tienen que rendir cuentas al presidente y a los televidentes, a sabiendas de que todos sin excepción están expuestos al regaño presidencial; una reprimenda que se puede producir en el momento menos pensado y que, si bien contribuye a fortalecer la autoridad del mandatario ante la opinión, socava la del atribulado funcionario.

Caso aparte son las tareas que de hecho les llegan a los ministros por cuenta de los consejos comunitarios, el ágora donde el presidente, además de japonés, se transforma en «un amansador de caballos y un administrador de fincas». De un lado existe un Uribe paciente, que se sienta al lado de la bestia, que le escucha sus quejidos briosos, hasta calmarla, hasta domarla. Del otro está el Uribe intemperante, que no delega, que manda sobre todos los niveles de poder, que ejecuta personalmente los oficios como buen mayordomo y que está pendiente desde las cosas más nimias hasta de las más decisivas e importantes. Ese Uribe cobra los tiros de esquina y los cabecea él mismo. El otro se sienta con el sindicato de las Empresas Públicas de Cali a deliberar y permite que le alcen la voz. Es probable que Uribe tenga esas dos facetas aparentemente contradictorias y que haya aprendido a convivir con ellas, no sin correr el peligro de que una termine opacando a la otra.

Esa definición que con frecuencia hace Uribe de sí mismo —la de que es un amansador de caballos y un administrador de fincas— debería ser tomada más en serio por seguidores y contradictores. A lo mejor si se profundizara más en ella se acabaría con las elucubraciones que se hacen en torno a él y a su real ubicación ideológica, a pesar de que Uribe siga insistiendo, sin que convenza, en que él sigue siendo liberal; un liberal que además fue formado en las canteras del Poder Popular, un movimiento que llegó a representar en un momento dado el ala progresista del partido. Un liberal que no fue galanista y que hasta hace poco representó las virtudes y los excesos que desde tiempo atrás trae consigo la clase política tradicional.

Al presidente Uribe le gusta cultivar relaciones tormentosas con personajes controvertidos como Pedro Juan Moreno o como la que, guardadas proporciones, mantiene con el ex presidente Samper desde los tiempos del Poder Popular. Una vieja amistad que subsiste hasta hoy, a pesar de sus públicos enfrentamientos

Todavía está caliente en el ambiente el incidente que tuvieron en diciembre de 2003, en el seno del Consejo Nacional Electoral, luego que el referendo se quedara. El presidente Uribe quería que el organismo revisara el censo electoral, el mismo que había servido de base para establecer el cuociente electoral que determinó el umbral para la votación del referendo. La petición presidencial se sustentaba en el hecho de que el censo estaba mal depurado ya que tenía vigentes las cédulas de personas muertas desde hacía varios años. Si esto se conseguía era factible que varias de las preguntas del referendo pasaran.

En Palacio sostienen que el primero en ofrecer su ayuda fue el propio Samper —el ex mandatario sostiene, por el contrario, que fue él quien recibió a José Roberto Arango—. Lo cierto es que Samper terminó haciéndole la vuelta al presidente quien hizo unas cuantas llamadas para ver si era posible que el Consejo estudiara esa posibilidad, gestión que en la jerga del arte del poder se denominaría como una «vuelta politiquera», pero que se convierte en «alta política» cuando es Uribe quien la inspira.

Las gestiones, sin embargo, fueron infructuosas y el presidente, informado a última hora de que el Consejo no iba a revisar el censo, se fue enfurecido hasta las oficinas de dicho organismo, en el momento en que estaban sesionando, hecho que produjo en los magistrados que estaban dubitativos —hablo de los conservadores— una reacción inmediata en contra de la ponencia que buscaba revisar el censo.

Nunca se había visto al presidente tan furioso como ese día. Una persona allegada a Uribe le escuchó decir, realmente alterado, que «su relación con Samper y con el Partido Liberal se había acabado y que era el momento de montar un nuevo partido». A pesar de la frase, este impasse no dejó de ser más que uno de esos tradicionales berrinches que le acostumbran a dar al presidente y que lo hacen salirse de sus casillas con cierta frecuencia.

Lo cierto es que dos meses después de esta furrusca ya habían vuelto a hablarse y a reanudar sus frecuentes conversaciones telefónicas, a la espera seguramente de otro remezón como el que se dio a finales de abril cuando la revista *Cambio* insinuó que el presidente estaba muy molesto con Samper porque estaba yendo a hacerle propuestas demasiado comprometedoras.

Según el semanario, Samper habría ido a Palacio no sólo a ambientar la idea de suspender las órdenes de extradición para los paras que se acogieran al proceso de paz, sino que habría insinuado lo mismo sobre los Rodríguez Orejuela.

Aunque los congresistas que estaban presentes negaron que eso hubiera ocurrido, el presidente Uribe no rectificó a la revista *Cambio*.

Lo que no dijo el semanario, pero que quedó claro después, es que la furia del presidente no la produjeron las insinuaciones de Samper, si es que éste alguna vez las dijo como sugiere la revista, sino una carta que el día antes de la reunión con la bancada habían suscrito los tres ex presidentes liberales —Turbay, López y Samper— en la que proponían se aplazara el tema de la reelección.

Alguno de los miembros de la bancada uribista, que le llevan rumores de lo que se dice en el Congreso, le contó al mandatario que esa carta la había instigado el ex presidente Samper. Se encolerizó y llegó a la reunión de la bancada uribista cargado pa' tigre contra Samper. Cuando los congresistas le preguntaron por la carta de los ex presidentes, ¡zas!, Uribe encontró el momento de sacarse el clavo con su antiguo copartidario. Samper terminó crucificado.

Sin embargo, conociendo la naturaleza pragmática de los dos personajes, es probable que Uribe y Samper vuelvan a reanudar sus llamadas telefónicas y sus ocasionales entrevistas una vez baje la calma y las olas de una nueva tempestad hayan vuelto a su tamaño normal.

En este Uribe, mitad domador, mitad administrador de fincas, estas relaciones aparentemente antagónicas están en su naturaleza. Siendo amigo de Pedro Juan Moreno nombró como embajador en Austria al general Rosso José Serrano, enemigo acérrimo de Moreno y a quien responsabiliza hasta hoy por la investigación que emprendió la DEA contra su compañía productora de insumos químicos, acusándolo, sin pruebas, de que ésta le vendía químicos a los narcotraficantes. Aunque para ese momento él ya había ganado el pleito, de todos modos el nombramiento del general Rosso lo sintió Pedro Juan Moreno como si se le hubiera propinado un *jab* de izquierda.

Otro ejemplo, acaso más tormentoso: siendo Uribe cercano al ex presidente Samper, le nombró en sus narices a Fernando Londoño, abogado de Fernando Botero y quien sostiene hasta hoy que el entonces presidente Samper «sí sabía» de la entrada del dinero proveniente del cartel del Valle a su campaña. Para Samper el nombramiento de Londoño fue una cachetada en la mejilla.

Las definiciones en torno a Uribe son tan variopintas como sus sombreros. Según su generoso ex copartidario, el ex presidente Samper, Uribe «es de derecha en la seguridad, de centro en economía y de izquierda en lo social». Para el senador Enrique Gómez, conservador, Uribe ha puesto de moda otra vez el conservatismo y nunca los azules se habían sentido tan bien representados como con Álvaro Uribe. En cambio el senador Robledo, del MOIR, sostiene que Uribe es «en lo económico y en lo social, el más regresivo de los presidentes de Colombia y en el colmo de la politiquería se presenta como el adalid en su contra».

Tal vez menos cáustica, aunque no muy lejos de esta pincelada, está la definición que tiene el ex fiscal liberal Alfonso Gómez Méndez, quien en una entrevista para *El Tiempo* definió a Uribe como una mezcla entre César Gaviria y Belisario Betancur, «una especie de neoliberal con encanto antioqueño». Algunos comentaristas internacionales como Joseph Ramoneda en *El País* de Madrid, han registrado teorías más elaboradas para sostener que Uribe podría ser una especie de Dr. Jeckyll y Mr. Hide, un caso de personalidad fracturada: habría entonces un Uribe liberal —ése sería el social, el demócrata— y otro autoritario —el intolerante, el guerrero, el mesiánico.

No faltan tampoco quienes aseguran que su forma de gobernar se parece a la de Carlos Lleras Restrepo, por el sentido de la autoridad, aunque éste desde luego no se preocupaba de los detalles ni hacía del poncho su emblema distintivo; o quienes apuntalan argumentos para sostener que Uribe tiene rasgos parecidos a los del general Rojas, porque en el clímax de su popularidad también se propuso su reelección y se practicó un culto a la persona a través de la incipiente televisión que él mismo trajo en el año de 1954.

Hay colombianólogos como el profesor de Oxford, Malcom Deas, que reburujan nuestra historia hasta encontrarle un parecido a Uribe con Rafael Núñez —sobre todo por la aparente similitud del momento en que los dos llegaron al poder—, aunque hay otros que desestiman esa semejanza por cuenta de lo disímil de sus arraigos.

«Si Núñez fue un costeño que se volvió bogotano, Uribe Vélez es un paisa que se volvió costeño» afirman esas plumas que lo que quieren es advertir el hecho irrefutable de que Uribe es un paisa bastante sui géneris porque tiene fuertes raíces en el departamento de Córdoba debido a que su finca de ganado El Ubérrimo, la misma que atiende con tanto ahínco desde la Presidencia todos los días, queda en las hermosas y fértiles tierras del Valle del Sinú, escenario que tuvo como protagonistas, en un principio, a la guerrilla y en los últimos tiempos a las huestes de Castaño y de Mancuso.

Otros eruditos de la historia colombiana afirman, con argumentos más contundentes, que Uribe Vélez se parece es al general Rafael Reyes: los dos se montan en la cresta del desprestigio de los partidos políticos —Reyes en la que se dio a comienzos del siglo xx—; Uribe adopta de él el lema de «Menos política y más administración» que Reyes a su vez había tomado de Porfirio Díaz, el dictador mejicano. Y para demostrar aún más similitudes entre uno y otro, recuerdan que el general Reyes también organizó las llamadas comitivas presidenciales durante su administración, que vendrían a ser una versión centenarista de los actuales consejos comunales.

Incluso importantes periodistas, en un exceso de audacia como Mauricio Vargas, lo han llegado a relacionar con Sir Winston Churchill, ese sí, amante de la política puntual y quien solía meterse también de lleno en las operaciones militares para manejarlas él mismo, no siempre con los mejores resultados.

«En el fondo, Uribe es un liberal tan contradictorio como el general Uribe Uribe, mente-fija como él, hacendado como él y el hombre que hizo del trabajo y de la laboriosidad el centro de su política», me dijo alguien sin saber que Uribe quitó «los cuadros decorativos» que había en su despacho presidencial al llegar a Palacio —entre los cuales estaba nada más ni nada menos que «El Cóndor» de Obregón— para poner uno del general Uribe Uribe, de quien cito esta frase: «Yo soy como los fósforos de palo, que solamente se rastrillan en su propia casa».

Puede que Uribe Vélez tenga también esa misma pretensión —aunque nunca el mismo humor, siento decirlo— de preservar la familia patriarcal que tanto distinguió a Uribe Uribe. Me cuentan que el presidente les da siempre la bendición a sus hijos cuando se despiden de él todas las mañanas y que le queda tiempo para ir a misa religiosamente los domingos.

Sin embargo, según otros historiadores ajenos a Palacio, es probable que su concepción de lo social hoy esté más cerca de la que profesó Alberto Fujimori en el Perú, quien también hacía consejos comunitarios —como también los hizo el presidente de México, Luis Extcheverría—, se paseaba el país entregando microcréditos y atendía los problemas puntuales de los pobladores de las zonas más alejadas. Esa forma de hacer política lo mantuvo siempre con un grado de aceptación en las encuestas muy alto, a pesar de los escándalos de corrupción que lo acompañaron, sobre todo en su segundo período.

Es probable, eso sí, que el Uribe Vélez que se inició en la política hubiese estado influenciado por los preceptos de liberalismo social del general Uribe Uribe, como lo atestiguan sus primeros años de congresista en los que se perfiló como un político de corte social-demócrata, preocupado por solucionar el tema social de los trabajadores.

Uribe fue el primer político en legislar para controlar los excesos de las oficinas de trabajos temporales e impedir que éstas se siguieran aprovechando de las necesidades de los trabajadores, además de haber sido ponente de la controvertida Ley 100.

Sin embargo, hoy sus prioridades son otras, como lo prueba el hecho de que la espina dorsal de su gobierno es precisamente la política de seguridad democrática, la cual se fue asentando como una opción medular, sobre todo después de la paz capitulada que pretendió hacer sin éxito el ex presidente Andrés Pastrana en El Caguán.

«Este Uribe —como bien lo dijo un historiador antioqueño que lo conoce muy bien— ha decidido supeditar todo su programa de gobierno a la vigencia de la política de seguridad democrática».

Uribe, providencial

También es cierto que los políticos cambian con el paso del tiempo, de los años; se vuelven más maduros, menos idealistas, más pragmáticos, y terminan con frecuencia asumiendo opciones y menospreciando los riesgos que éstas puedan traer. Uribe Vélez, sin duda, ha ido haciéndose a la teoría de que la única razón de nuestros infortunios, de nuestras tristezas, radica en la amenaza de las FARC y que sólo cuando se logre acabar con ella el país florecerá de nuevo como un Ave Fénix; los dueños de fincas volverán a sus tierras a generar empleo; nuestros empresarios invertirán en el país y ampliarán las fronteras exportadoras; el país tendrá más divisas, los trabajadores, mejores sueldos y los campesinos podrán retornar a sus parcelas en paz y armonía.

«Las limitaciones de la democracia en Colombia no son limitaciones derivadas del Estado, son limitaciones impuestas por los violentos» dice el presidente en un discurso con fecha agosto de 2002. Y cuando Uribe habla de los «violentos» generalmente se refiere a los «terroristas de las FARC», dando a entender que la violencia que proviene de los paramilitares o del narcotráfico no es la mayor amenaza directa a nuestra democracia. Prueba de ello es que son avasalladoramente numerosos los discursos presidenciales en donde el jefe de Estado enfila sus baterías contra las FARC y muy escasos los que cuestionan los atentados perpetrados por los paramilitares.

Este énfasis —algunos analistas dirán que es una obsesión— queda reflejado en su carta de presentación de la política de defensa y de la seguridad democrática en la que centraliza exclusivamente en las FARC el concepto de amenaza a la democracia colombiana: «La antípoda de la política de seguridad democrática es el terrorismo como sucedió en los atentados contra El Nogal en Bogotá y en Neiva. En Fortul, Arauca, los terroristas engañaron a un niño y lo convirtieron, a él y a su bicicleta, en una bomba que, activada, hizo volar en pedazos al niño y a otras personas… Los colombianos no cederemos ante esa amenaza».

En esa misma carta de presentación de la política de seguridad democrática se habla de los principios guías que la rigen: entre ellos, la necesidad de ser solidarios con la fuerza pública, de ser «eficaces» y «transparentes», de la necesidad de luchar contra el secuestro, de restablecer la confianza para atraer la inversión. Ninguna referencia a los desplazados, a pesar de que el país ocupa uno de los primeros puestos en número de gente desterrada por la violencia; tampoco clasifica entre los principios guías de la política de seguridad democrática la solución a la crisis humanitaria sin precedentes que vive el país.

Difícil pasar por alto la historia personal de Álvaro Uribe Vélez. No se puede echar por la borda la impronta que le debe haber dejado la muerte de su padre a manos de las FARC. «Ahora sí hay un presidente al que le duele el asesinato de los hacendados y el robo de ganado» dicen que es la frase que con frecuencia él suele sostener cuando alguien le increpa sobre el porqué de su interés por seguirle el rastro a la suerte de los ganaderos que terminan siendo blanco de la violencia de las FARC y que, como su padre, murieron indefensos, en el olvido.

Aunque él mismo siempre se ha apresurado a negar que su decisión de acabar con «la amenaza de las FARC» no es una cruzada personal, cuesta trabajo creerle. Sé que no le gusta que le toquen el tema. Y que cuando alguien lo hace suele recordar que lo primero que hizo después del asesinato de su padre fue irse a ver si era posible entablar un proceso de paz regional con el ELN. Lo cierto es que Uribe Vélez guardó luto por un buen tiempo y dedicó largos meses a pensar y a reflexionar sobre lo que había sucedido.

Sus allegados insisten en que es probable que la zozobra que ha tenido que enfrentar Uribe, después de la muerte de su padre, haya incidido más en la forma de mirar la política que la trágica muerte de su progenitor. Me refiero a los cerca de diez atentados sabidos y confirmados que desde entonces la guerrilla ha dirigido contra él, sin éxito. Un palmarés que lo convierte en el político colombiano más amenazado por la guerrilla. Difícil aprender a vivir sin temores, a sabiendas de que las huestes de Manuel Marulanda le han puesto precio a su cabeza desde hace tiempo. «Diez millones de dólares a quien corone» según dicen.

Lo cierto es que la historia de Álvaro Uribe Vélez, a comienzos de los ochenta, era un contrasentido no sólo en Antioquia sino en el país. Mientras en Medellín el cartel de Pablo Escobar llenaba de bombas las calles, y en Bogotá sus huestes mataban a periodistas, ministros y jueces, Álvaro Uribe era el único político que era blanco de serios atentados provenientes de la guerrilla, sobre todo del ELN. Su sede política sufrió el impacto de una bomba altamente destructora. Dos más de mediano poder explotaron en el Directorio de Antioquia cuando él lo presidía. La situación se agravó cuando ganó la Gobernación de su departamento.

Varias veces estuvo a tiro de las FARC pero se salvó de milagro, motivo por el cual —dicen los propios— empezó a creer que él estaba protegido por fuerzas extrañas. En Nechí, durante una de sus visitas, la guerrilla cogió a bala el helicóptero en el que iba. Finalizando ya su gobernación sucedió otro episodio que consolidó aún más la tesis de que Uribe estaba protegido por fuerzas todopoderosas. El presidente Ernesto Samper había dado la orden de suspender las elecciones en aquellos municipios donde hubiese problemas de orden público, pero Uribe Vélez insistió en que se realizaran. Para ello se propuso viajar al municipio de San Francisco, dominado por el ELN, para verificar personalmente el buen curso de las elecciones. En el acto en el que Uribe, reunido con el pueblo, intentaba explicar las razones por las cuales había que votar y hacer caso omiso del proselitismo armado, el ELN puso a un francotirador a que le disparara. La bala, que iba dirigida hacia él, mató al cura del pueblo que estaba a su lado, quien cayó muerto a sus pies.

Luego de ese atentado fallido el presidente Samper decidió sacarlo del país de manera sigilosa y repentina. Lo trasladaron en un helicóptero hasta Bogotá y prácticamente lo sacaron de Colombia con destino a Inglaterra, en medio de un dispositivo de seguridad impresionante. Fue a parar a Oxford gracias a una beca que había podido conseguir a través del profesor Malcom Deas para hacer unos estudios en Saint Antony's College. El día que Uribe llegó a Inglaterra a estrenar su exilio forzoso supo de la muerte de su madre. Por razones de seguridad no pudo asistir a su entierro. Esa tristeza, me dicen, la guarda muy dentro de su alma; todavía se duele de no haber podido acompañarla en la hora de su muerte. Ya en la campaña, de vuelta en Colombia, ocurrió la historia del seminarista arrepentido.

Este individuo se presentó un día a las oficinas donde funcionaba «Primero Colombia» diciendo que él quería trabajar gratis por la candidatura de Álvaro Uribe Vélez. El seminarista se fue abriendo paso en la campaña hasta hacerse cercano al candidato. Sin embargo, arrobado por la figura de Uribe, un día, en el colmo del arrepentimiento, le confesó al candidato que él había sido enviado allí por la guerrilla con el objetivo de asesinarlo. Uribe perdonó al seminarista y lo sacó del país. Este personaje apareció hace seis meses en Cali denunciando a alguien por estafa. Otra historia más que, indudablemente, viene a reforzar la imagen de hombre imbatible, de ser sobrenatural y providencial, que no le teme a la muerte.

Sin duda Uribe es un hombre marcado por esa amenaza y por ese asedio constante, que muy seguramente ha conmovido su interior convirtiéndolo en una figura mesiánica, con una fuerza propia que le permite crecerse ante la adversidad, sobre todo si ésta es personificada en las FARC o el ELN. «Dígale a Torres que me estoy muriendo de miedo con sus amenazas y que si no libera ya a los extranjeros que tiene secuestrados en la Sierra yo no voy a descansar hasta entrar y buscarlo dentro de su madriguera» fue la respuesta que Uribe les dio a las peticiones iniciales del ELN que insistían en pedir la desmilitarización de la zona a cambio de la liberación de los secuestrados. El pulso terminó ganándolo Uribe. Los secuestrados fueron liberados a los pocos días, sanos y salvos.

Lo mismo sucedió a unos meses de haber llegado a la Presidencia cuando en Granada, Antioquia, los helicópteros en que iban fueron recibidos por una ráfaga de metralla. El presidente tuvo que devolverse a la base mientras el Ejército repelía el ataque. El mandatario le pidió a Lina que se quedara en Medellín, «porque ella tenía que cuidar de sus hijos». Se montó en el helicóptero y dio la orden de volver, a sabiendas del peligro que ello significaba.

Sin duda, este fue un acto temerario que afortunadamente no pasó a mayores, pero que en otras latitudes hubiera ameritado una llamada de atención por parte de la prensa o de algunos miembros de la oposición política. Hasta el presidente Bush tuvo que aceptar las duras críticas de la bancada demócrata por la visita relámpago que hizo a los *marines* en plena guerra contra Irak para celebrar con ellos el Día de Acción de Gracias.

Tal vez todo esto explique el porqué su círculo cercano lo considera como un hombre providencial, excepcional, que «sólo aparece en un país cada cien años». Algunos sostienen incluso que desde Rafael Núñez no llegaba al poder un líder de gran talla, capaz de sacar al país de esta encrucijada. No hay nadie entre sus consejeros, entre los uribistas pura sangre, entre sus viceministros, que no lo trate como si fuera un gobernante infalible, y que no esté convencido de que él es el único hombre que puede acabar con la amenaza de las FARC, la misma que con frecuencia él mismo identifica con un peligroso animal de la familia de los reptiles, «la culebra», rememorando —me imagino— a las serpientes de las fincas que se esconden entre la maleza para sorprender a un novillo o a un campesino y morderlos hasta la saciedad.

Su entrega, su dedicación, su compromiso ineludible por «matar la culebra» se han convertido en el principal aval para empezar a echar a andar la propuesta de su reelección inmediata, idea que hasta hace poco él rechazaba, con el poderoso argumento de que ésta no le convenía al país porque «el Gobierno podía ponerse a buscarla». Eso pensaba cuando aún era candidato y no había degustado las mieles del poder, que a veces no son las mejores consejeras. «Si yo como presidente propongo que se amplíe el período presidencial a cinco años debe ser para el siguiente, no para mí. Porque si yo gano la Presidencia, el pueblo va a votar para darme un mandato de cuatro años», decía el Uribe candidato en mayo de 2002. Ahora, de presidente, ha pasado a impulsarla fervorosamente con el argumento de que cuatro años no son suficientes para garantizar una continuidad en la política de seguridad democrática ni para terminar lo que se empezó.

Uribe, el cartógrafo

De todas formas, los uribólogos de Palacio insisten en que Uribe sigue siendo el mismo; que no ha cambiado y que no hay mayor diferencia con el político que llegó al Congreso y decidió entrar a la Comisión Séptima a mediados de los años ochenta, movido por su interés en el terreno de lo social, al Uribe mesiánico y reeleccionista de hoy. En Palacio se sigue sosteniendo la tesis de que a pesar del inmenso peso que tiene hoy la política de seguridad democrática, el presidente sigue siendo un fiel discípulo del general Uribe Uribe. Lo que nadie discute es que entre los dos exista una relación fuerte, intensa, que incluso podría atravesar las fronteras más insospechadas y las dimensiones más desconocidas.

Me cuentan que en la soledad de su despacho el presidente se planta con bastante frecuencia ante el cuadro de Uribe Uribe y lo mira fija e intensamente. A lo mejor sea cierto entonces la versión palaciega, un tanto estrafalaria, según la cual Uribe le habría llegado a confesar a uno de sus más cercanos colaboradores que el general Uribe Uribe no sólo lo mira fijamente sino que le habla.

Diagonal a la efigie del general asesinado es imposible no registrar otro detalle en su despacho. Al lado de su escritorio, y debajo de un mapa inmenso de Colombia que está sostenido en un caballete, reposa el famoso cuadro que Débora Arango le pintó al presidente y que Uribe devolvió inicialmente con el argumento de que «él no era un hombre al que le vinieran bien las palomas» — Débora había pintado una hermosa—. Inicialmente el regalo lo había recibido Lina y a ella sí le había gustado. Tanto que lo puso en su despacho, ese espacio que Uribe ha convertido en un altar de símbolos, de mensajes subliminales.

En ese despacho, custodiado no sólo por Uribe Uribe, sino por Bolívar, Santander y Nariño, al presidente no le gustó ver allí una paloma que le hiciera recordar las palomas de la paz de Belisario, símbolos de una política de apaciguamiento con las FARC que no iba con él. No le dijo nada a Lina. Sin embargo, aprovechando que por esos días iba a visitar a la «Maestra Arango» en su hermosa casa de Medellín con motivo de una condecoración que él le hacía, le soltó el comentario:

—Maestra, por qué no me hace un favor: por qué no me regala más bien un fusilito para dar ánimos a los soldados en lugar de una palomita que tan poco la va conmigo.

La artista antioqueña accedió a la petición e hizo un cuadro más acorde con su talante: le pintó un fusil solitario, sin palomitas intrusas. «El único fusil no oficial que se acepta en Colombia es el de Débora Arango» es la frase que el presidente suele decir cuando le preguntan por la presencia de un fusil tan provocador que además, y por la forma como está dispuesto —pareciera tener en la mira a Santander, nuestro hombre de las leyes, otro de los próceres que Uribe tiene en su despacho—, daría para levantar más de una suspicacia, sobre todo entre las ávidas mentes antiuribistas.

Es probable, no obstante todos estos intentos legítimos por definir al presidente, que Uribe sea un gobernante más pragmático que ideológico, menos complicado y más predecible de lo que se piensa. «Uribe no sigue una misma partitura, ni se le puede inscribir fácilmente dentro de una escuela» afirma el historiador antioqueño Álvaro-Tirado. En el fondo, el presidente es un pragmático que se surte de todas las fuentes de inspiración sobre todo si éstas le sirven para cumplir sus objetivos trazados, de la misma forma que a un administrador de una finca no le importa sacrificar unas reses infectadas si con eso va a prevenir la muerte de las otras.

Por ello, la definición que mejor le encaja al presidente sea a lo mejor esa, la que sostiene que él gobierna como lo haría un acucioso y rígido administrador de una finca, que barre los establos si hay que barrerlos, que recorre los potreros minuciosamente, que sabe cuántas bestias están cargadas, cuántas tiene que cargar para poder cumplir con sus metas, que antepone el orden a cualquier otro principio y que se apea de su caballo al ver un broche mal cerrado o dañado.

Ese es el mismo Uribe que recibe a los alcaldes y les pregunta al detalle por sus índices de gestión, por sus metas; que les sorprende con cifras, fechas, con nombres de ríos perdidos entre la espesura; es el mismo que se reúne con los militares en los consejos de seguridad, que les llama por su nombre y está al tanto de las operaciones que realizan y que en los Consejos de Ministros les pasa lista preguntándoles por sus metas, como si ya ni siquiera fueran ayudantes del japonés, sino sus obsecuentes alumnos.

Falta por ver si ese administrador de fincas que sabe ordeñar una vaca, que se preocupa por los broches, por los potreros, que sabe marcar una bestia, ensillar el caballo, que se deleita en el detalle, que maneja los microcosmos, que sabe de maíz, de sorgo, de café, tiene la capacidad o no de saber cómo es que funciona toda la finca en su conjunto.

Uribe patriarcal

Cuando se trata de determinar la estirpe del talante que rodea ese pragmatismo cerrero se entra en otra discusión. La teoría más asentada sugiere que el pragmatismo de Uribe es conservadurista, raizal, patriarcal, preservador del statu quo, que si bien se interesa por sus trabajadores y vela por que tengan lo necesario, no pretende mayores cambios.

A Uribe no le suena para nada la teoría de amplia aceptación entre ciertos *thinks thanks* americanos, según la cual la clase dirigente colombiana tendría su parte de responsabilidad en la crisis de la nación por su poco interés en redistribuir el ingreso y por insistir en mantener un régimen de privilegios a costa de los que menos tienen.

Para Uribe estas son teorías sin asidero que socavan la honra de una clase dirigente que se ha esforzado por el país. Los empresarios de Colombia son emprendedores y los dueños de fincas, como él, son personas que se la juegan por sacar adelante sus proyectos en bien de la región, creando empleo a pesar de la difícil situación de seguridad. Si estos dos estratos están bien la gente del pueblo también lo va a estar. Así de simple.

El senador Carlos Gaviria, quien conoce muy bien al presidente por haber sido su profesor en la Universidad de Antioquia, sostiene que Uribe tiende más a «persuadir a los pobres de que son unos privilegiados porque no son unos miserables», antes que a propender a una equitativa distribución del ingreso.

Su atuendo —el sombrero y la ruana terciada con que los administradores de fincas pasan revista al terreno de las propiedades, ya tan característica en él cuando va por todo el país— reafirma la simbología definitivamente agraria, y hasta cierto punto premoderna, con que el presidente enarbola el arte de gobernar.

Su visión de la política internacional ratifica otra característica de Uribe: su forma parroquial de concebir la política. «La política internacional es una proyección de su política de seguridad democrática» afirma Rodrigo Pardo, ex canciller de la República, quien insiste en resaltar que con Uribe hemos vuelto a aplicar en la praxis la teoría del *respice polum*, la cual plantea un realinderamiento total hacia los Estados Unidos, sobre la base de que los dos países comparten la prioridad de la lucha contra el terrorismo. Uribe, dice uno de sus asesores, habla con él presidente Bush varias veces a la semana, cosa que no hace con ningún presidente europeo o latinoamericano. Sin embargo, hay quienes sostienen que lo que hay es más una empatía entre ellos dos que una comunicación permanente.

Al inicio de su gobierno consiguió que los países europeos y las ONG más importantes endosaran su politica de seguridad democrática, pero desistió de seguir adelante con el compromiso cuando supo que este apoyo estaba sujeto a que Colombia cumpliera con las recomendaciones hechas por el representante de la ONU Michael Frulling en torno a los derechos humanos.

Jalonado por la teoría del *respice polum*, Uribe desde entonces mira en dirección a los Estados Unidos. Existe la esperanza de que el rechazo que encontró a su política de seguridad democrática en la agitada visita al Parlamento Europeo, le haga reflexionar sobre la necesidad de mirar hacia Europa.

Uribe no sólo ha hecho de su política internacional un ejercicio primario y parroquial sino que la ha utilizado para apuntalar ideas que se le meten en la cabeza y que suenan descabelladas en boca de un presidente. Me refiero a su propuesta de pedirle cascos azules a la ONU, con el propósito de que lo ayuden en su política de lucha contra el terrorismo. Aunque la propuesta es un contrasentido porque la ONU no tiene como misión enviar tropas para apoyar a los ejércitos de un país ni tampoco a la oposición armada, o sea a ninguna de las dos partes, Uribe hasta hace poco insistía en el tema demostrando con ello que es un hombre audazmente testarudo.

La primera vez que propuso este despropósito fue cuando estuvo en la Gobernación de Antioquia. En esa ocasión la petición era aún más audaz porque proponía que los cascos azules fueran las mismas tropas colombianas. Después volvería a insistir en ello siendo candidato presidencial, aunque ya sin proponer uniformar a las tropas colombianas de cascos azules. De presidente en alguna ocasión volvió de nuevo sobre el tema y alcanzó a

insinuar que los cascos azules podrían ser nuevos soldados campesinos. A la ONU, en un comunicado inusual, le
tocó responder que lo que le pedía el presidente no cabía
en las funciones de ese organismo mundial.

A estas alturas el presidente sigue sin entender por
qué la ONU no le acepta su petición. Es probable que este
cruce de cables sea el culpable de las relaciones tensas
que desde entonces Uribe maneja con la ONU. «Es una
burocracia que no sirve para nada» dijo el presidente en
una ocasión, ya de presidente, en una conferencia en Costa
Rica. Entre tanto, para la ONU Uribe sigue siendo un
acertijo, difícil de descifrar, con el cual no ha sido fácil
trabajar.

Uribe, el seductor

Alguien me anotaba que es costumbre de los políticos
paisas explotar sus raíces —Belisario usaba carriel cuando salía de Palacio y Ospina Pérez la ruana—, de la misma forma que los sevillanos exportan el flamenco y el
cante o los catalanes sus juegos olímpicos. La idea es hacer de esta simbología un elemento distintivo, un sello de
marca que ahora en la era mediática puede resultar bastante taquillero, como de hecho lo prueba la luna de miel
que sigue manteniendo Uribe con las encuestas.

Los diminutivos de Uribe, su lenguaje coloquial, la forma como desempolva los dichos antioqueños, su coqueto término de «mujer», que utiliza en vez de señora o
señorita; su paternal «hija», su devoción por la palabra
«varón» cuando se refiere al sexo masculino, su despre-
cio por los homosexuales —sostiene que eso es una «fisu-

ra»— y su insistencia en hablar de «patria» al referirse a Colombia y de «compatriotas» en lugar de colombianos, dan cuenta de una simbología conservadora, primigenia, que tiene una poderosa hinchada en los medios, la cual, sobra decir, es cuidadosamente alimentada por el propio presidente, a sabiendas de que esa es una de sus mejores armas de seducción.

Nadie sabe cuánto de *show*, de espectáculo, hay en ese Uribe mediático, que siempre quiere parecerse a un ciudadano de a pie, sin serlo; que siempre quiere parecerse a un campesino, cuando en realidad es un propietario de una de las fincas más prósperas de Córdoba, o a un antipolítico, cuando en verdad es uno de los políticos más curtidos y avezados en las artes de Maquiavelo.

Sea como sea el asunto, el empaque es tramador como me lo confesó un joven representante liberal criado en la comodidad de la urbe, quien se volvió uribista por una razón aparentemente simple y desprovista de cualquier carga ideológica. La conversión al uribismo se consumó en un viaje que hizo con el presidente a Guainía adonde el mandatario fue a pasar revista a los mojones, con la dedicación propia de un mayordomo que va comedidamente hasta la cerca para cerciorarse de que no le hayan corrido los linderos.

Al otro día se levantaron todos y salieron de sus chozas-cambuches; el único que no lo hizo fue el presidente. Finalmente, a eso de las seis y media, se presentó, pulcramente bañado, peinado, con los zapatos limpios, recién afeitado, como le enseñó su padre desde pequeño. El joven, en trance ya, le preguntó la razón de la demora, a sabiendas de que Uribe es un madrugador nato, compulsivo:

—Es que traje una escoba y barrí todo el rancho hasta que me quedó limpio y con la cama tendida.

Ese episodio, aparentemente banal, terminó por seducir al joven político —dueño, si me lo permiten, de unas «convicciones firmes, pero de bases móviles», como rezaba una arenga que hizo carrera en los años sesenta en las huelgas de la Universidad Nacional— quien obviamente nunca había barrido ningún piso ni tendido una cama en su corta pero confortable vida. El nombre del converso me lo reservo, pero lo que sí puedo decir es que casi todos los uribistas pura sangre que hoy acompañan al presidente han caído seducidos más por su forma de gobernar que por sus postulados políticos. «Uribe seduce con la paciencia propia de un domador de caballos, a sabiendas de que tarde o temprano el potro o la potranca van a terminar doblegándose ante sus dotes de domador» me confesó uno de los pocos políticos paisas que hasta ahora no han caído bajo su embrujo.

Tal vez esta condición de irreductible seductor se explique mejor en la manera como Uribe se comporta con las mujeres. Sin duda, es un hombre coqueto que utiliza la caballerosidad como una forma de seducción para impresionar a todos —tanto a aduladores como a incrédulos—, siendo especial su dedicación por el sexo femenino. Él es de los que le abren la puerta a uno, de los que dan a uno paso, de los que nos toman del brazo para ayudar a pasar un charco, de los que nos ayudan a bajar y subir al helicóptero, en fin, de los que saben fascinar con detalles y pequeñas galanterías que encantan a todas las féminas que saben lo difícil que es encontrar en este mundo hombres caballerosos. Claro que esta magia se puede acabar en un minuto: no puede con las mujeres que se toman sus tragos ni con las que se ponen copetonas.

Sea como sea, Uribe ejerce en las mujeres que lo rodean una seducción que con frecuencia es utilizada por él mismo para abrir la puerta de otras facetas presidenciales menos conocidas y que mantiene sumergidas, como su alma de poeta y de irrestricto admirador de Pablo Neruda; todas en algún momento han recitado con él algún poema del poeta chileno. A todas les gusta su porte, aunque les parece un poco bajito y a muchas de ellas, incluso, un hombre buen mozo y atractivo, aunque no sea ni lo uno ni lo otro. «Es un hombre expresamente detallista» me dijo una ex ministra que lo conoce desde tiempo atrás y quien quedó seducida desde entonces por Uribe. «Siempre me llama para felicitarme en el día de mi cumpleaños» advierte emocionada otra de sus seguidoras. «Es un gran caballero».

En todo caso, a pesar de que es un jefe exigente, que no da tregua, que no las deja descansar, todas profesan por él una admiración ilimitada, considerándolo un ser especial, único, «divino».

Puede que sea una simple coincidencia que todas las representantes del sexo femenino que trabajan con él sean mujeres bien arregladas, impecables y maquilladas, aunque sin llegar al exceso. Y puede ser también que quienes insisten en decir que Uribe gusta de ese prototipo exuberante de modelo paisa, frívolo pero contundente a los ojos, no estén tan equivocados.

También deberían tener razón quienes aseguran que Uribe siente una especial debilidad por las mujeres negras, a quienes suele besar con emoción pero sin malicia cuando está de correría. En un momento dado, cuando alguien le contó que en algunos medios se decía que a él le gustaba estar rodeado de mujeres voluptuosas y bonitas, ésta fue su respuesta: «¿Y es que acaso hay mujeres feas?».

Es obvio que en todo esto desempeña un papel preponderante aquella premisa que asegura que el poder aumenta siempre el tamaño de las virtudes y hace de los seres poderosos almas inmensamente atractivas, demoledoras a la hora de sentarse enfrente de ellos y mirarlos de cerca. Sin embargo, es evidente que más allá de que esta premisa sea cierta, el presidente, como cualquier «varón», trabaja más a gusto cuando sus funcionarios son mujeres, sobre todo si de contera son bonitas, inteligentes y sumisas ante el poder y sus designios. Para mantener el clima, el presidente suele salir con frases un tanto oxidadas pero que buscan sostener el moméntum: «Ustedes saben que la única mentira que se puede decir en la vida —les dice con frecuencia a sus colaboradores en reuniones de Palacio— es cuando se trata de proteger la reputación de una mujer».

Cuando el presidente habla de «sus» mujeres, habla de una tropa bastante numerosa: Alicia Arango, Carolina Rentería, Gina Parody, Nancy Patricia Gutiérrez, Annie Vásquez y su combo de cirirís. Caso aparte son sus ministras Cecilia María Vélez y María Consuelo Araújo, quienes ocupan las carteras de Educación y Cultura, respectivamente. La primera es una de las mujeres más inteligentes y audaces que han llegado a altos puestos en el Estado. Y la segunda, una mujer con los pies bien puestos sobre la tierra. La relación con ellas dos es acaso más tensa porque estas dos no son mujeres que se dejen dominar fácilmente. Son como especie de ovejas negras: andan más con los congresistas de la oposición que con la corte uribista. «¿Qué culpa si los que más se interesan en los temas de la educación y de la cultura son la gente del Polo?».

Para que no digan que al presidente sólo le gustan las mujeres emprendedoras y coquetas como él, ahí está el caso de la «señorita Carlina», una mujer paisa, soltera y adinerada. Su fortuna, me explican, se ha ido acrecentando porque mantiene una austeridad franciscana desde épocas inmemoriales, que aquí en la capital los bogotanos calificaríamos, con todo el respeto del caso, como una fortuna producto de un apego exagerado por la «sutil tacañería». Su edad es uno de los secretos mejor guardados de la historia de Antioquia. Lo que sí es evidente es que «la señorita Carlina» —sólo admite que le digan por ese nombre sin utilizar su apellido Restrepo— decidió venir a la capital a acompañar al presidente para no desampararlo.

Fue una de las dirigentes más importantes del conservatismo en Antioquia, como integrante del grupo de Álvaro Villegas, pero desde el período de su Gobernación acompaña a Uribe como una sombra. «La señorita Carlina fue la dirigente conservadora más importante que tuvo hasta hace poco Antioquia y creo que con el único liberal con el que ella ha trabajado he sido yo» dice el presidente cuando le preguntan por las razones que sustentan la fidelidad irrestricta que profesa por él la señorita Carlina.

Ella es más bien bajita, de piel blanca —su pelo de color castaño lo lleva pintado, como un acto de gran coquetería para que las canas no se vean de a mucho— y su atuendo tradicional —siempre lleva sastres y zapatos de charol semiplanos— le recuerdan a uno a las matronas de antaño. Dicen que ella se mantiene pendiente también de lo que pasa en El Ubérrimo, porque tiene reses de su propiedad engordando en esa finca. Lo cierto es que posee su propio despacho como asesora del presidente, al lado de Fabio Echeverri, de José Obdulio Gaviria y de Jaime Bermúdez. Se ocupa de sus temas, que son a la vez sus obsesiones: los alcaldes antioqueños y sus cuitas; para ellos está siempre pendiente de sus llamadas. Dada su edad, no trabaja mucho, pero insiste en ir todos los días a la Casa de Nariño, aunque sea para saludar al presidente y para no quedarse en su apartamento de las Residencias Tequendama, donde muchos paisas uribistas han ido a templar por acompañar a «Álvaro». Hoy la señorita Carlina suele ser un personaje habitual en los pasillos de la Casa de Nariño por los que deambula sin mayor apego, pendiente de lo que pasa en su Antioquia querida. Los herederos de su fortuna son un misterio; sin embargo, su apego por los hijos del presidente la delatan.

Uribe, el furibundo

Sucedió en la campaña presidencial del ex presidente Samper, en 1994. Estaban en un acto en Jardín, un hermoso pueblo de Antioquia, y en la tarima hablaba Orlando

Vásquez Velásquez, un político preparado y de buenas maneras que se peleaba por entonces la primacía del liderazgo político al lado de Álvaro Uribe Vélez, miembro egregio del Poder Popular en Antioquia. Orlando Vásquez Velásquez llegaría a ser procurador en el gobierno de Samper, pero caería en las redes del proceso 8.000. Álvaro Uribe Vélez, en cambio, llegaría más tarde a la Presidencia de la República.

No se sabe qué fue lo que sucedió realmente en el mitin, aunque a lo mejor fue que no se pusieron de acuerdo sobre quién iba a hablar primero y Orlando Vásquez Velásquez salió de repente a la tarima y pronunció un discurso. De un momento a otro Álvaro Uribe y Mario Uribe, hoy senador de la República, sacaron del cinto dos revólveres.

La gente que estaba en el lugar, y sobre todo los seguidores de unos y otros, decidieron salir del lugar asustados por lo que pudiera pasar. «Eh, ave María, si Álvaro ha aprendido a contenerse», me dice hoy la senadora Piedad Córdoba que presenció esta escena.

Es probable que desde entonces —al poco tiempo sucedió el episodio en que se fue a puños con Fabio Valencia Cossio, el día que resultó electo gobernador de Antioquia—, Álvaro Uribe se haya aprendido a controlar. Ahora, de presidente, tan sólo se sale de sus casillas.

Sin embargo, sus repentinas intemperancias siguen sorprendiendo a la opinión pública que todavía no se acostumbra a sus salidas de tono. Cuando éstas se suceden, generalmente se le sube la sangre a la cabeza, sus ojos se exaltan, su voz adquiere un tono intolerante y autoritario y su semblante adopta un rictus impenetrable. Es inevitable: el presidente Uribe está furioso.

Uribe, el popular

Imposible no sentir la adrenalina que se percibe en el sector de los funcionarios, ahí adelante en las primeras cuatro filas de los consejos comunales, lugar que bien se podría conocer como «El pabellón de los quemados», porque todos están sometidos a la luz intensa, lacerante y agobiante de oprobiosos reflectores que se levantan como testimonio de que la política es un ejercicio mediático, que vende a los políticos y a los presidentes como si fueran una marca de jabón.

A todos ellos, incluidos los ministros y el presidente quien ya está en la tarima, les ha debido llegar el día anterior el informe de Annie Vázquez, producido por el Sigob, un sistema que tienen de sistematización de datos, conseguido por el PNUD, que les permite saber los índices más relevantes de los departamentos o de las regiones donde se va a celebrar el consejo comunal. Muchos de ellos no alcanzan a leer el informe el día anterior y terminan haciéndolo en el avión, o ya in situ se sientan juiciosos en sus computadores a ver si alcanzan a zamparse el informe no va y sea que el presidente les pregunte algo.

Es sábado, desde luego, y este es el consejo comunal número 60, según me explican. También me dicen que es un consejo de seguimiento y que esta es la cuarta vez que se hace un consejo comunal con presencia de Álvaro Uribe en Popayán. «Es el presidente que más ha venido a la capital del Cauca», dice el recién posesionado gobernador, Juan José Chaux, a quien Uribe personalmente aupó en su campaña para la Gobernación por considerar que un triunfo de Camilo González, el candidato del Polo

Democrático, era contraproducente para el éxito del recién inaugurado Plan Patriota, dirigido a buscar en sus madrigueras a los jefes de las FARC.

En un país donde los presidentes son inaccesibles, acostumbrados a ejercer su administración como si estuvieran capturados por la capital, la presencia de un presidente en las regiones puede producir un efecto sicológico aplastante, contundente.

Siempre en la primera fila la plana mayor de Palacio: Alicia Arango y su *palm-book*; el jefe de Planeación, Santiago Montenegro, y su poderoso portátil, y José Roberto Arango, el superministro y el responsable al fin de cuentas de que todo este complejo engranaje funcione.

Donde mejor perfila Álvaro Uribe su forma de gobernar es en los consejos comunales. Allí es donde mejor exhibe lo que él llama «capacidad de manejo y liderazgo», aunque ante los ojos de la oposición estos consejos representen el talante populista y personalista del régimen.

No hay duda de que Uribe en los consejos comunales se emplea a fondo, se la juega toda, como si tuviera que demostrar que es el mejor de la clase, distinción que de hecho siempre mereció en el colegio: puede retener las cifras de las regiones mejor que cualquier gobernador o alcalde; puede explicarlas haciendo gala de una memoria de elefante capaz de corchar a los ministros, a los viceministros, a los superintendentes, a los jefes de departamento. Sus salidas son tan contundentes que a los ministros no les queda más remedio que soportar con humildad y sosiego los regaños públicos que reciben ante las cámaras por no saber una cifra o por dar mal un estimativo.

Adelante, en una tarima generalmente alta, el presidente Uribe, el gobernador, el alcalde, la autoridad eclesiástica, el comandante de la Policía y el comandante del Ejército. De un lado, y al frente, casi siempre los miembros del Congreso —el mismo que dijo iba a revocar porque era el centro de la corrupción y politiquería—. Juiciositos y calladitos, conminados a estar sentados allí hasta que el presidente decida, se ven dóciles, fáciles de manejar. Sin embargo, también se ven importantes y pudientes, en ese puesto estelar. Mientras atienden las palabras del presidente, su electorado les habla al oído como si ellos fueran la réplica de la estatua de Leo. S. Kopp, ese gran benefactor que hasta hace poco le prestaba sus oídos inertes a quienes querían seguirle pidiendo favores en su mausoleo del Cementerio Central de Bogotá.

Detrás de ellos los alcaldes, siempre cansados después de largas jornadas de viaje, con sus peticiones en una mano y con sus deudas en la otra, esperan impacientes.

Como prueba de que ésta es una sociedad fracturada, al otro lado, algo alejados, los indígenas y los gobernadores de los resguardos más importantes del Cauca.

Al fondo, sí, cómo no; «la comunidad», presente, aunque debidamente filtrada gracias a una labor conjunta entre la Gobernación y el equipo de Presidencia, como se estila desde siempre en democracias cerradas como la nuestra. De todas formas, ahí están algunos desempleados víctimas de los recortes del Estado, algunos campesinos sin tierra, víctimas de la mala distribución de la misma, varios desplazados que han sido expulsados de sus regiones por la guerrilla o por los paramilitares.

Si quieren hablar en el consejo ante el presidente han debido desde tiempo atrás hacer la petición y explicar cuál es el tema que van a tratar. Ojo con salirse de la intervención pactada. Las normas son las normas. En los corredores, la pléyade de representantes de los medios sigue al presidente milímetro a milímetro, como si Uribe no fuera el presidente de Colombia sino un cantante pop o un rey vallenato.

De pronto el presidente desaparece de la tarima. Se pierde entre la cortina de manera inexorable. Antes alcanza a contestar el celular que le entrega el coronel Osorio. Pide un «permisito», mientras arregla un asunto. Es probable que haya habido un nuevo secuestro. O un nuevo atentado de las FARC. O un intento por tomarse un batallón. ¿Dónde está? ¿Alguien lo ha visto? ¿Habrá tiempo de ir al baño?

La gente murmura mientras los ministros alistan sus apuntes; los políticos se levantan a ver si agarran al que tienen entre ojos para pedirle un favor; la comunidad sale a tomarse un tinto y los funcionarios aprovechan para ir al baño, no va y sea que los coja la preguntadera con la vejiga llena. A los cinco minutos el presidente aparece de nuevo. El murmullo se aquieta. La comunidad vuelve a tomar asiento. Los políticos también, los alcaldes no vuelven a susurrar. Todo regresa a su sitio. Hélas!

El ambiente no es tenso, pero se siente la expectativa, la necesidad de romper el hielo. Primero el Himno Nacional. Luego el himno del departamento. Primer escollo: el video del alcalde no se puede ver porque el sistema no es compatible con el que usa la Presidencia. Hay desconcierto entre los asistentes: no se va a ver por la televisión. «A ver, Galán, qué podemos hacer para conseguir trasmitir el video», le dice urgido a su secretario de Prensa el presidente torciendo un tanto la boca. «Deme unas horas para ver qué puedo hacer, presidente». ¡Así se hace, presidente! ¡Ese es nuestro presidente!

Mientras se soluciona el impasse, los ministros pasan al tablero, como en la escuela.

—A ver, ¿cómo va este proyectico, ministro? Mire a ver si puede mejorarme la propuesta para yo podérsela presentar a los campesinos que necesitan esa tierrita.

—Sí, señor presidente.

—¿Cuánta platica dice usted que nos faltaría?

—No tengo el dato preciso, señor presidente; si me permite unos minutos, le prometo que se lo consigo.

Después de unas horas, a los ministros se les ve asolados y un tanto agotados. Lo mismo sucede con los viceministros, con los superintendentes, con los jefes seccionales y demás funcionarios, quienes con sus computadores desempacados —muchos ya han repasado en silencio la lección— empiezan a moverse y a perder la posición inicial. Sólo esperan que el presidente los señale y les pregunte una cifra que esperan saber. Sería fatal que los cogieran fuera de base. «Yo me había aprendido todas las cifras nacionales de mi tema la noche anterior y tan de malas que el presidente me sale al otro día con la pregunta de si sabía la cifra de Nariño», me confesó en el avión de vuelta de uno de esos consejos una recién estrenada viceministra.

Los consejos se realizan a través de jornadas largas, intensas y agotadoras que fácilmente pueden sobrepasar las doce horas. Sin embargo, no siempre fue así, me recuerdan muchos funcionarios con cierta añoranza. Al principio del Gobierno éstos no se podían extender tanto porque muchos aeropuertos carecían de visión nocturna y la cafetera presidencial no podía despegar. Tenían entonces que salir de manera apresurada, dejando todo a medio hacer y a la comunidad con más interrogantes que respuestas.

Sin embargo, desde que el presidente advirtió ese obstáculo técnico se inició una campaña para que los aeropuertos empezaran a adquirir esa posibilidad. Por cuenta de los consejos comunales el presidente ha inaugurado la visión nocturna en más de un aeropuerto nacional, al punto de que hoy son muy pocos los consejos comunales que se terminan a las seis.

«Ya sé por qué no se ha podido poner la operación nocturna en Popayán», les dijo el presidente a todos sus funcionarios, ya montado en el avión al término de uno de los pocos consejos comunales que han terminado al caer la tarde, en uno de sus escasos atisbos humorísticos —me dicen que a él hay que explicarle los chistes porque no los entiende—, insinuando que había un complot de todos ellos para evitar imponer la operación nocturna en el aeropuerto de Popayán. Un complot que además sería a todas luces loable, porque les permitiría a los funcionarios llegar un sábado a la casa antes de las doce de la noche para poder estar en familia.

Los funcionarios esperan el turno de pasar al tablero, pacientemente, sin bajar la guardia. Todos están pendientes de la señal, pero también están cautos. Ya han aprendido que es mejor decirle no al presidente y a las cámaras antes que ofrecer una promesa que no se pueda cumplir porque después van a tener que ser víctimas del ejército de seguimiento comandado por Annie Vásquez, una uribista que viene de la Gobernación de Antioquia y quien sigue haciendo lo mismo que hacía desde entonces: hacerle un seguimiento a todo lo que se promete en los consejos comunales.

Su segunda al mando es la intensa Maritza; las dos son las encargadas del seguimiento a través del Sigob, un sistema que permite sistematizar la información de lo que ocurre en los consejos. Este escuadrón de «ciriris» —con ese mote las conocen los ministros— no dejará de atormentarlos, de preguntarles, de exigirles, día y noche. Ellas llevan la memoria de todos los consejos comunales y de todos los proyectos que surgen a partir de esos encuentros, los cuales tienen que llevarse a cabo en un tiempo determinado. Los que están en su etapa inicial tienen semáforo en rojo, los que van avanzando, en amarillo, y los que ya están concebidos y andando, en verde.

El único que se puede dar el lujo de prometer sin encartarse mucho es el propio presidente quien en el fragor de la discusión termina a veces recurriendo a Carolina Rentería, su directora de Presupuesto, con la rogativa de que le encuentre como pueda «la platica», por favor. Aunque en su mayoría los consejos comunales sirven para solucionar problemas de gestión, hay una buena parte que se va en proyectos de desarrollo que terminan abriéndose cauce gracias a los «milagros» de la jefe de Presupuesto, la doctora Rentería. Obviamente, estos «milagritos» solo son posibles quitando de aquí para allá, como si a la fuerza nuestro presupuesto tuviera que andar a caballo entre dos programas de desarrollo: uno, oficial, aprobado por el Congreso, y otro paralelo que es el que el presidente ha ido armando en los consejos comunales.

Hasta el 12 de abril de 2004, de 1.642 tareas específicas, surgidas en los consejos comunitarios, se había resuelto el 11%, estaba en proceso el 66% y no se había empezado a gestionar el 23%. No obstante estos magros resultados, las fórmulas de los consejos comunales se están convirtiendo en una metodología cada vez más adoptada por alcaldes y gobernadores; incluso Torrijos, el presidente electo de Panamá, ha venido a verlos, con la idea de ponerlos en práctica durante su gobierno.

«Una petición. ¿Podría el señor comandante del batallón devolverles los bastones de mando a los gobernadores indígenas, los cuales fueron decomisados a la entrada por la Seguridad por considerar que se trataba de armas? (Quien habla es el encargado de Asuntos Indígenas del Gobierno).

El presidente mira de reojo al general. El comandante mira al auditorio, hace un ademán con su cara y levanta la mano en señal de que hay que deshacer el entuerto, mientras un leve murmullo se levanta en la sala.

El turno es para los indígenas. El gobernador del resguardo de Totoró tiene la palabra. Denuncia que el Estado colombiano les ha incumplido a los indígenas desde hace diez años cuando era director del Incora Carlos Ossa. Él les prometió que les iban a dar 4.000 hectáreas, las cuales no han sido entregadas hasta la fecha.

El presidente no dice nada, pero un murmullo entre los blancos empieza a sentirse. Los políticos de adelante se dicen entre ellos que eso no es cierto. Que las mejores tierras las tienen los indígenas y que ellos, en cambio, se han quedado sin nada. Los campesinos tampoco se quedan atrás: «Esos indígenas están llenos de plata, de tierras, y en cambio nosotros que trabajamos el doble que ellos no tenemos ni plata ni tierras». El presidente habla de la necesidad de hacer un acuerdo de convivencia entre todos a sabiendas de que la sociedad está fracturada. Le pone fecha al asunto. Las cirirís apuntan. El semáforo en rojo se prende.

A la clase política no le está permitido utilizar los consejos como escenario para sus pretensiones políticas ni como plataforma para referirse a los proyectos de alternatividad penal o de la extradición. En una ocasión el senador Moreno de Caro trató de utilizar los consejos para plantearle a Uribe la razón que le habían enviado al Gobierno, a través de él, algunas autodefensas del Magdalena Medio y fue severamente reprendido por Alicia Arango. (Sin embargo, cuentan que, de un tiempo para acá, su presencia en estos foros ha sido vista con cierto beneplácito por parte del presidente). De nuevo, el único que puede referirse a la política nacional es el propio Uribe quien suele utilizar sus discursos de introducción para hablar sobre el acontecer nacional y lanzar sus dardos con la puntería del caso.

Por orden expresa del presidente, en los consejos tampoco está permitido que la comunidad hable de problemas de orden público. Ni de la seguridad democrática, ni de la extradición, ni de la ley de alternatividad.

Los temas espinosos de seguridad los toca a puerta cerrada con los generales en los consejos que hace todos los lunes en distintas zonas del país y en los que también los militares se ven a gatas para responderle cuando él les pregunta por las metas —«¿cuántos capturó? ¿Cuánta droga decomisó? ¿Por qué falló esta operación?».

Sin embargo, esta medición semanal que les hace el presidente a los generales, la cual él va metiendo en su memoria de computador, aunque algo arbitraria, los mantiene al trote, «produciendo resultados». Esa fue la causante por ejemplo de la salida del general Héctor Martínez Espinel, comandante de la Novena Brigada con sede en Neiva, cuyo pobre historial ya lo llevaba en la cabeza el presidente Uribe el día en que sucedió el secuestro múltiple. Tampoco le ayudó mucho el hecho de que ese día el presidente hubiera empezado a buscarlo desde las once de la noche ni que el general sólo hubiera aparecido a las dos de la mañana.

Para producir resultados —un «positivo», como se llama en el argot—, hay la orden perentoria de atender cualquier información que brinden los informantes, quienes suelen volcarse a los batallones con la intención de vender la información que poseen como si fuesen aves de rapiña en busca de carroña.

Es cierto que la red de informantes, otro de los pilares de la política de seguridad nacional, le ha permitido golpear fuertemente a la guerrilla en sus madrigueras como de hecho ocurrió en enero de 2004 cuando en las selvas del Caguán, en la zona de Piedras Coloradas, se logró capturar sana y salva a la comandante Sonia de las FARC, con un cargamento de cocaína nada despreciable, en una operación exitosa y bien montada que incluyó la presencia de helicópteros artillados.

No obstante, el lado difícil y engorroso de esta política, además de los efectos colaterales que causa el hecho de que el presidente tenga la costumbre de llamar a los coroneles pasándose por la faja a los generales, es la presión de atender a tanto informante y de seguir sus pistas, por tenues que éstas puedan ser. Sobre todo a sabiendas de que, si no lo hacen, muchos de ellos amenazan con llamar al presidente, quien a su vez, en más de una ocasión, no sólo les contesta sino que les pone atención. Ya en varias oportunidades Uribe los ha llamado a reprenderlos por no haber seguido una pista brindada por un informante.

«No hay que descartar nada» es la consigna, la orden, aunque se incurra en errores costosos como el que cometió Uribe al darle credibilidad a un misterioso informante, aparentemente un campesino, que llamó al presidente a decirle que a Íngrid Betancourt la iban a liberar en las selvas del sur de Colombia porque estaba en muy mal estado de salud. El presidente le creyó enteramente al campesino y llamó a la familia de Íngrid a contarle la buena nueva. A petición del presidente, la familia se movilizó al Amazonas, pero nunca pudieron contactar al campesino.

Este episodio desencadenaría después el *affaire* del avión francés en territorio brasileño que terminó en un incidente diplomático entre el gobierno francés y el gobierno brasileño, además de que indispuso al presidente con la familia de Íngrid y levantó suspicacias sobre la naturaleza de ciertos informantes que aparecen y desaparecen como si fueran almas benditas. Debido a que el campesino se esfumó y nunca se volvió a saber nada de él, hay versiones que sugieren que detrás de este sujeto se escondía un plan de la inteligencia militar colombiana para desestimar la posibilidad, ya remota por cierto, de una reunión en el Brasil entre Uribe y las FARC.

La tesis parece un poco descabellada, pero fue un rumor que circuló fuertemente. En Palacio, este fiasco, no ha sido muy analizado. Tan sólo se acepta la probabilidad de que el presidente se hubiese equivocado al creer a pie juntillas la versión del campesino-informante. Pare de contar.

El senador Carlos Gaviria asegura que el presidente es un «retórico de la acción», que poco cree en la planeación y en el tiempo que otros se dan para reflexionar antes de actuar. Probablemente por eso Uribe sostenga en los consejos se seguridad frases como ésta: «Lo importante es no bajar la guardia, que después sobre el camino se van enmendando los errores».

Esta premisa, sin embargo, está saliendo costosa. Si bien reporta más capturas y más positivos, de otro lado está convirtiendo la estrategia de seguridad democrática en una competencia desmedida por conseguir «positivos». Aunque no se atreven a decirlo, muchos son los miembros de la Policía y el Ejército que creen que esta presión ha estado en el origen de las fallas que produjeron masacres como la de Guaitarilla, en la que miembros del Ejército, motivados por los datos que dio un informante, abrieron fuego sobre miembros de la Policía, acribillándolos hasta causarles la muerte.

Por momentos esa dinámica interinstitucional que se da en los consejos comunales se parece a la que se produjo cuando el gobierno del presidente Virgilio Barco, en

1986, puso en marcha el Plan Nacional de Rehabilitación, PNR. En esa ocasión también se podía ver a los tecnócratas de Bogotá, acostumbrados a pensar el país desde la capital, desde la comodidad del *power point*, pasando apuros, con sus camisas de algodón compradas en Saks Fith Avenue, ajadas y sudadas, enfrentándose a la Colombia real, de frente y de sopetón.

A través de consejos de participación, el PNR buscaba acercar el ciudadano al Estado y establecer espacios de concertación que le permitieran a esas comunidades olvidadas, víctimas de un Estado históricamente débil, retomar la confianza en el Estado y sus instituciones. Ya en el gobierno de Gaviria, a partir del proceso de descentralización, el PNR se convertiría en un convidado de piedra y moriría a manos de la clase política y en medio de un proceso de descentralización desordenado, caótico, que a la postre se convertiría en una espada de Damocles para los municipios, hoy seriamente endeudados.

Sin embargo, por la forma de gobierno de Uribe, por su tendencia a concentrar todo el ejercicio del poder en él hasta convertirse en indispensable, en irreemplazable, los consejos comunales han adquirido una dinámica bastante distinta. A diferencia de lo que sucedía con el PNR, este acercamiento no se hace de manera institucional sino a través de la figura presidencial, quien es el centro de esa inercia; el que decide qué hacer, cómo hacerlo, y el que dirime enfrentamientos entre estamentos del Estado, entre comunidades fracturadas, a partir de cosas muy puntuales, de proyectos específicos que respondan a las necesidades de la región.

El turno ahora es para los chequecitos, para el micro-crédito, otra de sus grandes pasiones y base fundamental de su estado comunitario. «Puede que para uno un millón y medio no signifiquen nada, pero para una gente que no tiene es toda la plata del mundo», asegura cuando se entusiasma al saber que es la hora de los chequecitos. «Como lo prometido es deuda, aquí traigo lo que les prometí», dice al auditorio. Los primeros cheques los entrega él. Después le pide a la clase política, que está sentada a su derecha, que desfile por la tarima y los entregue. Todos se paran. Todos se suben a la tarima y entregan los chequecitos. Gracias, presidente, gracias, senador, gracias a la clase política.

El mensaje es subliminal pero eficaz, sobre todo para un presidente que esté buscando la reelección.

—¿Para qué va a usar esta platica?

—Para montar mi propia empresita.

—¿Para qué va a usar esa platica?

—Para montar una fábrica de empanadas.

—¿Para qué va a usar esa platica?

—Para montar mi taller de modistería.

El presidente sonríe, se siente bien, se solaza, mientras que las cámaras van trasmitiendo por el canal institucional esta repartición de los panes. «Increíble que puedan hacer algo con un millón y medio de pesos» exclama un atribulado joven funcionario, de esos que fácilmente se gastan en Andrés Carne de Res un millón de pesos en sólo una noche.

Pronto, sin embargo, llega la hora del desmadre, la cual generalmente se produce cuando se corta la trasmisión de televisión y la comunidad desesperada se vuelca con sus peticiones desoídas sobre la tarima presidencial. Las cámaras se han ido y los reflectores ya no alumbran, pero la comunidad enardecida se impacienta. Se acerca hacia la tarima, mientras las voces se alzan y los ánimos se caldean. Los ministros, entre tanto, al igual que los viceministros, que los funcionarios de tercero y cuarto nivel, empiezan a cerrar sus computadores, previendo que la salida va a ser intensa pero rápida.

«Si usted no está dispuesto a oírnos, entonces es cierto que éste es un gobierno soberbio», dice una voz enfurecida. A pesar de que se oye un gran murmullo, el presidente no se molesta ni se sale de casillas. Por el contrario, como lo haría un buen domador de caballos, intercede y reacciona con paciencia: «Vámonos calmándonos. Las cosas hay que solucionarlas a las buenas, sin peleas. Hagamos una cosa. Yo termino de escuchar aquí a esta señora y de inmediato le pongo atención. ¡De aquí no nos vamos sin escucharlo!». Aplausos. «¡Bravo, señor presidente!». «¡Eso es tener presidente!». «¡Ponga orden, señor presidente!».

Detrás del escenario el movimiento es inclemente: las huestes del jefe de Prensa, Ricardo Galán, se aprestan ya a despegar rumbo al aeropuerto, pero en el auditorio sigue el desmadre. Todos hablan al tiempo; todos tienen que decirle algo al presidente pero Uribe no tiene tiempo, tiene que salir. Lo siente mucho. Esta noche debe dormir en Cartagena para poder estar bien tempranito instalando un consejo de seguridad en Sucre. Otra vez será.

En los escenarios más pequeños la dinámica sigue siendo la misma aunque se inviertan los papeles y sea el poder local el que se traslade de Palacio, el cual pierde todo su movimiento y su inercia cuando el presidente está por fuera de la capital. Sus alrededores adquieren cierto halo fantasmagórico. No hay gente haciendo cola afuera. Hay pocos carros. Es escasa la gente a la entrada. Dentro del Palacio las oficinas están semivacías y muchos funcionarios aprovechan la ausencia del presidente para ir a la dentistería, al médico, a pagar los impuestos, en fin, a hacer lo que deberían haber hecho hace rato si su jefe les hubiera dejado tiempo.

Cuando el presidente está en Palacio la romería es incesante, trepidante. Uno tras otro van llegando los alcaldes, los gobernadores quienes, después de los egregios miembros de la Corte, son los más asiduos visitantes de la Casa de Nariño.

Estos encuentros se llevan a cabo generalmente en un salón de conferencias, contiguo a su despacho, el mismo que durante la administración de Samper era conocido como el «salón de crisis». Ahora es la sala que más permanece ocupada por este peregrinaje incesante de alcaldes y gobernadores. Cuando entra a la reunión se sienta en el medio, nunca en la cabeza de la mesa —hace lo mismo en el Consejo de Ministros—. Allí puede durar una hora o dos, tratando de definir un problema puntual que en otra administración no pasaría de la oficina de un funcionario de tercera categoría en Planeación. Por ejemplo, la falta de planta eléctrica en el Amazonas. Por ejemplo, el problema de la falta de luz en el Guaviare. Por ejemplo, el problema de la falta de luz en San Andrés, en Providencia.

Y como es mente-fija, siempre llega inevitablemente a una de sus obsesiones más recurrentes: las plantas Pelton, las mismas que su padre tenía en la finca cuando era pequeño y que servían para suplir la energía eléctrica sin tanta penuria. Uribe, que todo lo sabe, no se explica por qué se dejaron de usar las Pelton e insiste en resucitarlas como una fórmula para solucionar el tema de la falta de energía en pueblos que todavía viven a oscuras de noche. (De seguro la cifra de esos pueblos la tiene en la cabeza.)

Desde que llegó al gobierno anda con esa idea y no pierde oportunidad para preguntarles a los técnicos, a sus viceministros «cómo va lo de las Pelton». Muchos han aprendido a esquivar el tema olímpicamente —el asunto no parece fácil de llevar a cabo por razones eminentemente técnicas— pero el presidente sigue teniéndolo como caballito de batalla en las ocasionales discusiones que tiene con sus colaboradores.

Ante tanta insistencia Alicia Arango, su secretaria privada, decidió ponerle a una oveja de juguete que tiene en su despacho el nombre de Lady Pelton, a ver si teniéndola cerca se le olvidaba su obsesión. No lo consiguió. Cada vez que el presidente ve a Lady Pelton, la pregunta es inevitable: «¿Cómo va lo de las Pelton?». Para dicha de él, y descanso de sus colaboradores, consiguió que el director del instituto que se encarga del tema de energía en las localidades que no tienen muchos recursos prepare dos ensayos de turbinas de cabeza cero —una manera de aprovechar la energía hidráulica en los ríos que no tienen caídas— y, desde luego, otra de una máquina Pelton en algún lugar cercano a San José del Guaviare. Hasta que ese día no llegue seguirá manteniéndose viva la leyenda de Lady Pelton.

Sobra decir que en estas reuniones, donde se discuten temas específicos, es más bien extraño encontrar a un ministro. Pero sí están los «vices» y directores de institutos, en su mayoría jóvenes entregados a la causa, que lo miran con devoción cada vez que habla y que no salen de su asombro al ver cómo Uribe se bate en medio de cifras, de valoraciones, hasta encontrar siempre una solución, asido a su *Atlas* bendito que no abandona.

Luego viene la fase más complicada de manejar, sobre todo para los ministros que no están presentes. ¿Que el gobernador o el alcalde tiene algún «problemita» con algún Ministerio? Ipso facto el presidente se para, toma el teléfono y le dice al conmutador de Palacio —dicho sea de paso, el servicio que mejor funciona en la Casa de Nariño— que lo comunique con el ministro en cuestión. A los dos minutos, el ministro en el teléfono. Al principio los ministros, sin excepción, contestaban la llamada con el credo en la boca. «¿Algo que hice mal? ¿Me va a meter acaso un regaño?». Pero con el paso del tiempo han empezado a recibir esas llamadas sin que se les mueran las lombrices, a sabiendas de que por lo general el presidente llama por «problemitas» que los alcaldes y gobernadores le plantean cuando van a Palacio a hablar con el presidente.

— ¿Aló?, ministro, tengo un asunto aquí relacionado con el gobernador del Amazonas, mire a ver, se lo paso que él quiere hablar con usted una cosita.

Mientras eso ocurre, Annie Vásquez, al frente del escuadrón de «ciriríes», apunta para meterlo en el sistema y hacerle seguimiento al asunto. Seguramente muy pronto va a recibir una llamada del presidente o de ella misma si la solución al problema quedó sin resolver. Luego hace lo mismo con otro ministro.

—¿Aló? ... ministro, es que tengo aquí al gobernador del Casanare que está interesado en hablar con usted sobre un tema... —Annie Vásquez, incansable, vuelve y apunta.

—¿Aló..., ministra?...

Uribe, el político

Puede que los ministros no ejerzan como tales, pero sus nombramientos, en cambio, sí tienen un importante significado político. A la par de este Uribe microempresario, puntual, que centraliza en él toda la gestión de gobierno, está un Uribe político más moderno, más calculador, que hábilmente se camufla por entre su prosa fogosa, un poco demodé, y sus ademanes de finquero.

Ese Uribe, que sabe bien dónde ponen las garzas, fue el que tejió de forma meticulosa los nombramientos al inicio de su gobierno, buscando siempre neutralizar a sus enemigos políticos y abrir caminos donde no los tenía, con el objetivo de blindarse políticamente. Para ello decidió sorprender a los que lo habían acompañado en la campaña y nombró no sólo a personas que nunca habían estado al lado de él, sino a enemigos políticos con los cuales le había tocado enfrentarse a lo largo de la campaña y de su agitada vida política. «Uribe está gobernando con sus enemigos» me señaló una voz uribista que mira con el desgano y la desilusión con que miran los miembros de una cuadrilla al torero que toma la decisión de torear con otra más nueva, más inexperta.

No sé si Uribe está gobernando con sus enemigos, o si más bien está buscando consensos necesarios para un presidente que no está secundado por un partido debidamente articulado. Lo cierto es que sí atrajo al redil a su mayor enemigo político en Antioquia, a Fabio Valencia Cossio, uno de los grandes caciques de la política tradicional colombiana, e hizo las pases con él a cambio de una buena tajada diplomática.

Atrás quedaron las peleas, las trifulcas que incluso traspasaron el umbral de la disputa política y llegaron al terreno de los puños por cuenta de un encontronazo que los dos tuvieron en la Registraduría el día que Uribe iba a ser elegido gobernador de Antioquia. Informado por sus seguidores de que algo irregular estaba pasando en la Registraduría, Uribe fue a apersonarse del asunto y se encontró a un Valencia Cossio despachando desde un asiento, haciendo gala de su inconmensurable poder como cacique. Se fueron a puños. La animadversión entre uno y otro duraría varios años. «Se dialoga con todo el mundo menos con los de Coraje» era una de las pancartas que había a la entrada de la oficina de Pedro Juan Moreno, su secretario de Gobierno, en la época de la Gobernación. «Coraje» era el movimiento político de Valencia Cossio.

Hoy no sólo Fabio Valencia es parte del engranaje del uribismo, sino que se ha sumado a la campaña de reelección de Uribe como uno de sus más activos promotores.

Aunque fue Noemí Sanín la que le pidió a Uribe la Embajada de Colombia en Madrid, Uribe hubiera podido no concedérsela con el argumento de que se trataba de una enconada contradictora política que lo había acusado de ser el candidato de los paramilitares. Sin embargo, Uribe la nombró. Al igual que a Juan Luis Londoño, otro feroz opositor durante la campaña, quien terminó ocupando el Ministerio de Protección Social. Hoy la embajadora es una de las más aguerridas promotoras en el tema de su reelección.

De Serpa dicen que fue Luis Guillermo Vélez quien solicitó para él la Embajada de la OEA en Washington, petición que Uribe concedió, me imagino, con la doble intención de que, al hacerlo, conseguía acallar la voz de su opositor político más fuerte. No se equivocó.

Para calmar a las toldas noemicistas-pastrano-gaviro-samperistas le ofreció la difícil cartera de Defensa a Marta Lucía Ramírez. Intentando darle una seña al ex presidente López, nombró a su hijo Alfonso en la Embajada de Inglaterra, de la misma forma que a una hija del ex presidente Turbay en la Embajada de Uruguay, y al dejar a Luis Alberto Moreno en Washington le hizo otra seña a Pastrana. Para subsanar su falta de roce con la elite mediática bogotana, nombró a Pacho Santos, quien, además de pertenecer a la familia dueña de *El Tiempo*, era un hombre con buenas relaciones con la izquierda y con las ONG.

Y aunque nadie sabe cuáles fueron las verdaderas razones por las cuales el presidente nombró en la cartera de Gobierno a un personaje tan controvertido como Fernando Londoño, poco apto para enarbolar un gobierno que tenía como máxima bandera «la lucha contra la corrupción y la politiquería», sí era evidente que éste mantenía unas buenas relaciones en la capital y un fácil acceso al selecto mundo de los empresarios en Bogotá, partidarios de su política de seguridad democrática, además de que era muy cercano al Partido Conservador, un partido que Uribe necesitaba tener cerca.

Incluso los nombramientos, aparentemente insospechados, tienen a la postre un significado fríamente calculado: el de mostrar atisbos de pluralismo regional e incluso ideológico. A la ministra de Cultura, a la *Conchi* Araújo, no la conocía, pero sí tenía una relación muy fuerte con Valledupar, cuya población, por haber sufrido como ninguna el embate de la guerrilla, Uribe quería enaltecer.

Sin duda, el vallenato pone más ministros que el porro, como bien lo dijo hace poco en una charla David Sánchez Juliao. Hasta el palo de la primera ministra de Medio Ambiente también tiene una explicación: su nombramiento llevó al Ministerio a un buen puñado de gente del M-19; ella era la segunda de Íngrid Betancourt en el Congreso —movimiento al que también perteneció el folclórico ministro de Transporte, Andrés Uriel Gallego.

Se cuidó de que su gabinete fuera variopinta, a la vez que invitaba al Gobierno a sus contradictores políticos con el propósito de neutralizarlos. Impecable empresa, que le ha permitido seguir adelante con el lema de que el suyo es un gobierno en contra de la corrupción y de la politiquería, mientras que por la puerta trasera distribuye sin aspavientos los cargos diplomáticos entre los uribistas pura sangre, los uribistas repentinos y sus amigos empresarios, aquellos que le ayudaron financieramente en su campaña.

Hasta la presencia de Fabio Echeverri sigue sorprendiendo a muchos en Antioquia. El hoy consejero presidencial fue un agrio contradictor del padre del presidente, hasta el punto de que en la época en que Uribe fue alcalde de Medellín, Fabio Echeverri —ya era presidente de la ANDI— solía hablar mal de Alberto Uribe en reuniones privadas. Le disgustaba que mantuviera relaciones con el Clan de los Ochoa. Alberto Uribe era muy cercano a Fabio Ochoa. No sólo eran parientes sino socios en negocios agrícolas.

«Lo extraño, claro, es que uno se quiera blindar con enemigos políticos y no con amigos», me afirma un político uribista.

Sin embargo, mal que bien, Uribe ha conseguido gobernar, al menos sus dos primeros años, sin una oposición política significativa, con excepción de unos cuantos columnistas, de los editoriales de *El Tiempo*, de los dardos que le envía con una frecuencia inusitada el periódico conservador *El Nuevo Siglo* y de una cauta e imberbe oposición por parte del Polo Democrático Independiente.

A los pocos días de haber perdido el referendo, alguien en Palacio dijo esta frase: «La prensa se equivoca cuando dice que Uribe se altera con las derrotas; eso no es cierto. Lo que pasa es que nunca antes lo habían derrotado». En realidad la frase no es del todo cierta. Aunque nadie lo recuerda ahora, Álvaro Uribe fue retirado de la Alcaldía de Medellín, a donde había llegado nombrado por el entonces presidente Belisario Betancur. Las razones que motivaron el retiro del cargo no son claras, por no decir que éste es un episodio que ha permanecido oculto y que poco se menciona cuando se trata de recomponer la larga carrera política del presidente Uribe.

Uribe en realidad sólo duró en el cargo unos pocos meses: de agosto de 1982 a diciembre del mismo año. Y según un periodista de Medellín, fue una corta pero muy criticada gestión debido en gran parte a que se dedicó a la repartición milimétrica del presupuesto de la ciudad, como si fuera un cacique tradicional y no el joven político representante del sector más democrático del liberalismo antioqueño que decía que era.

Uribe Vélez representaba en ese momento el liberalismo renovador, «el sector democrático», en oposición al que representaba su contrincante mayor, Bernardo Guerra Serna, dueño y señor de la política liberal en Antioquia, cacique entre caciques. El nombramiento de Álvaro Uribe fue entendido como un intento, por parte del Partido Conservador en el poder, de dividir al liberalismo.

Una vez nombrado, Uribe decidió llamar a los conservadores y designó a Ramiro Valencia Cossio como uno de sus secretarios, hecho que marcaría el comienzo de una buena amistad que Uribe nunca ha dejado de tener con los conservadores. Sin embargo, las cosas no le empezaron a salir bien.

Es probable que la salida precipitada de Uribe hubiera sido producto no de una sino de varias circunstancias. Era evidente que su pelea con Guerra Serna le restaba apoyo político a su gestión, pero también es posible que su parentesco con los Ochoa hubiese sido utilizado por sus contradictores políticos.

Lo cierto es que a Uribe no le fue bien en esta alcaldía. Y que esa fue su primera gran derrota, de la cual debió aprender mucho. Ante este descalabro, los tres días que permaneció alejado de los medios y del mundanal ruido, por culpa de la no aprobación del referendo, parece un juego de niños.

3
La tarde que Colombia no tuvo presidente

—¿Qué fue lo que pasó? —le preguntó el presidente Uribe al general Ospina ya dentro del avión, mientras los demás miembros de la cúpula militar, además de la ministra de Defensa Marta Lucía Ramírez, se sentaban en las sillas.

—El operativo resultó mal, presidente —admitió el general Ospina. Hubo once muertos, dos heridos y un rescatado que logró sobrevivir a la matanza de las FARC. Entre ellos están el gobernador de Antioquia, Guillermo Gaviria, y su asesor de paz, Gilberto Echeverry.

—Nos vamos para Medellín —advirtió el presidente de manera perentoria. Era el 5 de mayo de 2003.

Su rostro era infranqueable, impenetrable. Su amigo entrañable, Gilberto Echeverry, había muerto. El gobernador de Antioquia, hijo de *El Negro* Gaviria, era otra persona muy cercana. Volvió y repitió la frase, como para que la oyera el capitán del avión:

—Nos vamos para Medellín; vamos a decirle la verdad, toda la verdad y nada más que la verdad al pueblo colombiano y se la vamos a decir hoy —exclamó impulsando sus palabras con su dedo índice, ese que siempre levanta recto sin dobleces, en ángulo perfecto, como si fuera en realidad una bala empotrada en su mano:

—Galán, empiece a apuntar —advirtió empujando la quijada hacia delante.

Galán era Ricardo Galán, su jefe de Prensa, quien había ido en la comitiva ese día en razón de que el presidente iba a inaugurar un Batallón de Alta Montaña en el Valle del Cauca. La noticia los había cogido allí en pleno páramo, en medio de la monotonía exuberante de los frailejones. El general Velasco, de la Fuerza Aérea, fue el primero en saber la noticia. Rápidamente se la comunicó al general Mora quien, a su vez, se la trasmitió a la ministra Ramírez. Fue ella quien le dio la mala noticia al presidente.

Inmediatamente el mandatario suspendió el acto. Quería regresar lo más pronto posible a la base de Cali. Una vez aterrizaron los helicópteros en la capital del Valle, el presidente dio la orden de subir al avión presidencial. Pidió que cerraran las escotillas porque quería hacer una reunión de emergencia dentro del aparato. Galán miró el reloj: eran las once de la mañana cuando el avión presidencial decoló de la pista del aeropuerto rumbo a Medellín.

Durante el trayecto es probable que todos, incluido el presidente, hubieran rebobinado lo sucedido. Bien temprano en la mañana, él y su cúpula le habían dado el último repaso al operativo, camino a la ciudad de Cali.

Todo había comenzado la semana anterior, cuando se obtuvo una información sobre la existencia de un campamento de las FARC en un área selvática entre los departamentos de Antioquia y Chocó. En ese lugar —aseveraban los informes de seguridad— podrían estar albergados el gobernador de Antioquia, Guillermo Gaviria, y el ex ministro de Defensa Gilberto Echeverry, así como oficiales y suboficiales secuestrados en años anteriores. También se sabía que para ese momento este grupo de secuestrados estaba vigilado sólo por quince a veinte miembros de las FARC, número relativamente bajo teniendo en cuenta que este tipo de campamentos solía tener alrededor de cien guerrilleros a su alrededor como escudos protectores. Las probabilidades eran altas y buenas de que pudieran ser rescatados sanos y salvos.

Una vez concluida la última revisión del operativo, sin pensarlo mucho, Uribe dio la orden. Ya no había vuelta atrás.

A la hora en que el avión presidencial aterrizaba en Cali, las tropas del Fudra, Fuerza de Despliegue Rápido, destinadas para la operación, ya habían salido de Tolemaida con destino al aeropuerto de Rionegro. De allí cogerían la vía terrestre hasta Urrao donde los estaban esperando los helicópteros Black Hawk. El campamento se encontraba aproximadamente a unos 55 kilómetros de Urrao y a 18 minutos de desplazamiento en helicóptero. Setenta y cinco hombres debidamente entrenados descenderían al lugar donde se encontraban los secuestrados por el sistema de la soga rápida debido a que lo abrupto del terreno impedía el aterrizaje de los helicópteros. Según lo planeado, las tropas deberían llegar al campamento en media hora. Sin embargo, era evidente que algo había salido mal desde que las tropas del Fudra habían llegado al campamento y habían encontrado a dos sobrevivientes y a ocho secuestrados muertos a sangre fría.

El clima que se vivía alrededor de los rescates de secuestrados hacía aún más difíciles las cosas. Semanas antes, el tema de la posibilidad de insistir en un acuerdo humanitario había vuelto de nuevo a ser noticia. Los ex presidentes liberales Samper, López y Turbay —los mismos de siempre— le habían escrito una misiva al mandatario planteando la urgencia de un acuerdo humanitario que aliviara el sufrimiento de tantos secuestrados. Una de las voces que más estaban empujando esta idea era nada más ni nada menos que la de la esposa del gobernador asesinado, Yolanda Pinto. La carta, sin embargo, no había sido bien recibida por Uribe quien, a pesar de haber insistido en mantener abiertas las puertas a un acuerdo humanitario, seguía siendo partidario de continuar adelante con los rescates. Las cosas se agriaron aún más con los ex presidentes y los familiares de los secuestrados cuando se supo que la misma carta enviada a Uribe se la habían remitido a Marulanda, el jefe de las FARC. «A mí que no me comparen con terroristas» habría dicho furioso por los noticieros.

Cuando el avión aterrizó en Medellín, el ambiente era tenso y el silencio que se sentía se podía cortar con un cuchillo.

—Vámonos para Urrao —dijo sorpresivamente el presidente sin que nadie objetara su decisión y sin que le preguntaran a qué iban. Difícil adivinar qué pasaba por la mente del jefe de Estado en ese momento ya que no es habitual en Uribe comentar con su gente cuál va a ser el próximo paso a seguir. Prefiere mantener a todos en vilo mientras él va de un lado a otro sin que su rostro deje traslucir algún asomo de cansancio.

Tomaron un helicóptero y se elevaron sobre las imponentes montañas que rodean la capital paisa, rumbo hacia el nororiente antioqueño, una zona selvática y húmeda, dominada por una columna de las FARC al mando de El Paisa. A los diez minutos aterrizaron en un helipuerto que el Ejército había acondicionado en una cancha de fútbol. Cerca de allí, en la parte de atrás de un camión del Ejército, se había acondicionado un centro de operaciones.

De una esquina salió el general Hernando Ruiz, comandante de la FUDRA, las fuerzas especiales que habían participado en el fallido asalto. Los dos se saludaron mirándose a la cara y se encaramaron en el camión. Allí sobre un inmenso mapa de la zona, convenientemente montado, el general Ortiz comenzó a hablar, no sin sentir las miradas escrutadoras del general Ospina, del general Mora, de la ministra Ramírez y del propio presidente. El oficial les explicó lo sucedido: debido a lo tupido de la zona, las fotos aéreas que tenían del lugar en donde estaba el campamento con los secuestrados no mostraron que entre el sitio del desembarco de la tropa y el campamento, había una zona empinada. Al encontrarse con esta sorpresa, la tropa tuvo que remontar la montaña, aumentando la duración del operativo y permitiendo que las FARC pudieran escapar, alertadas como ya lo estaban por el ruido de los helicópteros. Según los sobrevivientes, en cuestión de minutos el comandante de las FARC, conocido como El Paisa, habría impartido la orden de asesinar a los secuestrados.

El presidente escuchó sin mover ni un músculo de su cara:

—Necesito más precisión —fue lo único que atinó a decir, mientras se bajaba del camión.

Buscó al coronel Santoyo, su secretario de seguridad de Palacio —quien, dicho sea de paso, se encuentra destituido en primera instancia por interceptación ilegal de comunicaciones cuando trabajaba en el Gaula de Medellín—, y le dijo que quería comunicarse con el mayor que había participado en el operativo. Le respondieron que la comunicación no era fácil porque él todavía estaba en el lugar donde habían encontrado el campamento con los cuerpos sin vida.

—No importa, de aquí no me voy sin hablar con él —respondió el presidente. A los pocos minutos entró la llamada.

—Le habla Álvaro Uribe Velez, cuénteme: ¿qué fue lo que pasó?

Eran las cinco de la tarde. Seis largas y extenuantes horas habían pasado desde que se supo la noticia. Por orden del presidente se optó por apagar los celulares para evitar filtraciones a los medios, aunque la comunicación por celular era tan difícil que en realidad ellos estaban prácticamente incomunicados. Nadie había hablado con nadie. Ni el presidente con Palacio ni la cúpula con el Ministerio de Defensa.

En la Casa de Nariño la falta de noticias del presidente y de su comitiva empezaba ya a crispar los nervios. A eso de las tres empezaron a llegar los primeros ministros en señal de solidaridad. La ministra de Cultura se hizo presente, el ministro de Comercio Exterior y representantes de la entraña del uribismo, como Armando Benedetti, también llegaron, además de Alicia Arango, Alberto Velásquez y Jaime Bermúdez, entre otros. El lugar de reunión fue la oficina de José Roberto Arango. Todos andaban a la espera de saber qué era lo que había sucedido por boca del propio presidente. Pero Uribe no aparecía. No llamaba. Varias veces intentaron comunicarse con su celular o con el de Galán, pero sin éxito. Vaya uno a saber qué pasaba por la mente de Lina Moreno aquella tarde, cuando no sabía si ir a Medellín o subir a tomarse un café a la espera de que él decidiera reportarse. Los ministros revoloteaban de un lado para otro como si fueran almas en pena. Durante ese lapso, las horas en Palacio prácticamente se detuvieron, esperando la llegada de Uribe. ¿Qué hacemos? ¿Sacamos o no un comunicado? Hubo momentos de angustia compartida al no lograr comunicación con el jefe de Estado. De lo que sí no se habló, al menos no explícitamente, fue sobre cuál iba a ser el procedimiento a seguir si le pasaba algo al presidente. A pesar de que el vicepresidente Francisco Santos pasó a Palacio esa tarde y estuvo un rato con José Roberto y los demás; de que tuvo tiempo para conversar con Lina Moreno e intercambiar angustias y preocupaciones y de que quedó pendiente en su oficina, atento a los acontecimientos, en realidad ningún procedimiento de seguridad se activó.

Cuando a eso de las cinco y media se logró la primera comunicación, se dio la orden perentoria de contrarrestar una versión que las FARC estaban difundiendo en su página web, la cual ya empezaba a ser tomada por los medios. Según esta versión los secuestrados habían muerto producto de un enfrentamiento entre el Ejército y la guerrilla. Había que salir a desmentir esa información en los noticieros de las siete de la noche.

Después de hablar con el mayor al mando del operativo, Uribe decide volver a Medellín. De nuevo, sin que nadie sepa muy bien por qué ni a qué, la cúpula y la ministra de Defensa lo siguen resignados como si fuese la estrella de David. Se suben de nuevo a los helicópteros y emprenden camino a la capital paisa. No se supo en qué momento las cosas cambiaron. A lo mejor el presidente tuvo un instante de reflexión muy personal, o probablemente conversó con el piloto y supo algo que no conocía antes. Lo cierto es que el helicóptero, en lugar de aterrizar en Medellín, lo hizo en el lugar de los acontecimientos, para sorpresa de la cúpula y de la propia ministra. Logró hacerlo en una parte baja, el único llano en donde podía posarse, en medio de esa selva espesa. Se bajaron al lado de un pequeño riachuelo. La humedad se sentía en el aire, como si los quisiera aplastar. Era evidente que ninguno estaba vestido para la ocasión. Como ellos iban a inaugurar un batallón de alta montaña, tanto la ministra —llevaba un elegante sastre de paño— como Galán y el presidente andaban con chaquetas de paño y corbata. La selva era tupida y sólo se veía un camino recién abierto por entre la montaña, al final del cual quedaba el campamento donde habían encontrado los cuerpos.

El presidente se encontró con el mayor que comandó el operativo. Ya frente a frente, en medio del sonido de esa selva, le hizo de nuevo la misma pregunta que le había hecho por teléfono:

—Cuénteme, mayor, ¿qué pasó?

La misma pregunta se la hizo a uno de los soldados que había entrado con él. ¿Qué había pasado? ¿Por qué había fallado el operativo? Todas las versiones coincidían en que no hubo enfrentamiento con las FARC y que éstas habían acribillado a los secuestrados antes de emprender la huida.

Nueva orden: el presidente quiere remontar la montaña para ir al campamento y ver los cuerpos; ya le habían dicho que Gilberto estaba en muy mal estado de salud —al parecer tenía leishmaniosis— lo mismo que el gobernador. Evaluaron las posibilidades y, después de pensarlo, los generales decidieron disuadir al presidente. Ya era muy tarde y, sin luz, al helicóptero le quedaría difícil salir de la zona. El lugar era inhóspito, inseguro y la única persona que iba armada era el coronel Santoyo, portador de una discreta pistola. Los demás generales, si bien estaban en traje de fatiga, no iban armados. Estaban prácticamente incomunicados. En esas circunstancias, pasar toda la noche en ese lugar era un riesgo que no se podía correr. Ante argumentos tan contundentes Uribe accedió.

A las seis y media, con el último rayo de luz, llegaron al aeropuerto de Medellín. Fue entonces cuando el presidente le dio la orden a Galán de que llamara a Bermúdez a Palacio para que anunciara que se iba a hacer una alocución presidencial, desde el aeropuerto de Rionegro, con el propósito de contarle al país qué era lo que había sucedido.

—El presidente quiere que hablen sólo los generales —le dijo Galán a un Bermúdez ansioso, que contestó el celular ávido, me imagino, de saber la razón por la cual el presidente había durado cerca de siete horas sin comunicarse con Palacio. Al asesor de Comunicaciones, sin embargo, la decisión tomada por el presidente —de no salir en la alocución— le pareció inconveniente. En su opinión, era muy importante que el presidente hablara también por varias razones: si lo había hecho cuando Bush declaró la guerra a Irak, ahora era aún más lógico que lo hiciera porque éste era un hecho que podría afectar la política de seguridad democrática. Se corría el riesgo de que se afectara el respaldo al Gobierno y sólo si el presidente salía se lograría neutralizar ese efecto. Pero, además, Bermudez creía que el presidente debía insistir en las condiciones que proponía el Gobierno para el acuerdo humanitario, sin dejarse arrinconar por los hechos y las reacciones.

En resumen: el clima ameritaba que el propio presidente saliera y asumiera la responsabilidad política de lo sucedido. El presidente accedió.

—Voy a asumir la responsabilidad política de lo sucedido pero cada uno de ustedes —y señaló al general Ospina, al general Ortiz y al mayor que comandó el fallido operativo— va a explicar lo sucedido —les advirtió nuevamente con su dedo índice.

Luego de una breve introducción, hecha por el presidente, uno a uno los oficiales fueron saliendo a explicar lo sucedido, en una alocución que bien podría parecer un *reality* teledirigido por el presidente. Convertido en presentador, el presidente ofició de maestro de ceremonias de este terrible suceso, con una destreza propia de los veteranos en ese oficio. Una vez los militares terminaron de hablar, volvió al escenario. Con un rostro impenetrable, con una mirada fija y un rictus que reflejaba su preocupación, el presidente asumió la responsabilidad política de lo sucedido en Urrao, pero invocó firmeza en la lucha contra el terrorismo e insistió en que ésta no era la hora de ser débiles ante una guerrilla que asesinaba a sus secuestrados.

La trasmisión se hizo como se pudo: con una cámara de Palacio, una unidad móvil de Teleantioquia, una cámara de Caracol y el satélite de RCN. Mientras Galán se quedaba armando este rompecabezas, el presidente se fue a visitar a los enfermos y allí, en uno de esos hospitales, se encontró con una cámara de Telemedellín que filmó la visita. Galán supo de esa cámara y le pidió prestado el material al canal, pero por la premura del tiempo tuvo que sacarlo al aire sin haberlo visto. En esas imágenes se veía al sargento Humberto Aranguren herido agradeciéndole al presidente por haberlo rescatado.

Aunque las críticas al otro día en los medios no faltaron —en algunos la rueda de prensa fue calificada como un *reality* macabro—, los colombianos resultaron seducidos por la presentación mediática que el presidente hizo de los sucesos de Urrao.

Un revés que habría podido afectar la popularidad del presidente de manera irremediable terminó convertido, por cuenta de este manejo mediático, no sólo en un bumerán contra las FARC sino en un endoso a la política de seguridad del presidente. «Ese día, la política de seguridad democrática hubiera podido quedar irreparablemente golpeada» admitió un asesor presidencial.

La fórmula, sin embargo, puede no ser siempre exitosa. En Cajamarca, a pesar de que se hizo lo mismo, no les salió igual. Hoy quedan más dudas que certezas sobre lo que realmente les sucedió a esos dos menores y tres adultos que perdieron la vida, víctimas del «fuego amigo», el 10 de abril de 2004.

Cuando el presidente supo de lo sucedido, inmediatamente emprendió viaje hacia esa región tolimense. El general Carreño, cumpliendo órdenes, decidió acordonar la zona para evitar que durante doce horas los medios tuvieran acceso al lugar, tiempo en el que el mandatario preveía esclarecer lo sucedido. El presidente y su comitiva llegaron al sitio de los acontecimientos y subieron la pendiente que los condujo finalmente hasta la casa humilde donde vivía una de las familias que perdió la vida. Todos advirtieron cómo el desayuno se había quedado servido y cómo era evidente que las personas que vivían allí habían salido de manera estrepitosa, dejando la casa abierta y el tetero de un bebé recién nacido. Hablaron con los habitantes de la zona y se cuidaron de grabar debidamente la reunión para darle aún más veracidad a la investigación presidencial.

Sin embargo, y a pesar de que las dudas nunca fueron absueltas por la «investigación presidencial», el jefe de Estado concluyó que en efecto estos colombianos habían muerto víctimas de un operativo militar que se realizaba en esos momentos por parte del Ejército y que buscaba la captura de guerrilleros de las FARC. Punto.

No obstante, y aunque se presentó un informe por televisión sobre la visita del presidente a esta ciudad, la sensación que quedó en la opinión fue la de que no toda la verdad había salido a flote en Cajamarca.

De todas formas, este manejo mediático de las crisis se ha convertido en una de las mejores herramientas de Uribe Vélez para remontar con inusitado éxito las situaciones adversas. «Es bastante probable que el presidente Uribe esté siendo objeto del efecto teflón», me dice una voz experimentada en ciencia política. El efecto teflón, para los neófitos, es aquel que les permite a los gobernantes salir indemnes de sus embarradas porque nada se les pega, como sucede con los sartenes de teflón. Para obtener este codiciado estatus es necesario no sólo tener éxitos en su gestión —según las encuestas hay una mayoría de colombianos que aplaude su política de arrinconar a las FARC—, sino saberlas comunicar, a través de un acertado manejo mediático. Una estrategia capaz de seducir, de convencer a la opinión, parecida a la que tenía Ronald Reagan, quien a pesar de no haber sido el presidente norteamericano más agudo y más brillante de los últimos años del siglo XX, sí tenía la habilidad de hacer de la política un espectáculo, condición determinante para generar alrededor de un gobernante el efecto teflón. A Reagan no le hizo mella el escándalo Irán-contras, ni la revelación de que los antisandinistas financiados por la CIA alcanzaron a intercambiar con la mafia armas por coca. Todo por el efecto teflón.

Con Uribe puede estar pasando algo similar. Es probable que la destreza con que maneja los medios, su arrojo por cabalgar sobre la noticia, por insistir en llegar a los sitios críticos al minuto que sucede una explosión, una masacre, una desgracia o un rescate desafortunado, sean la clave para que hasta hoy se siga sosteniendo en las encuestas de manera imbatible y esté blindado contra sus propios errores y desaciertos. No de otra forma se explica que no le afecten las salidas de casillas, como las que protagoniza de cuando en vez en la radio o en medio de una reunión con su bancada. Cuando todos los analistas presagiaron que la popularidad del presidente se iba a afectar con la hundida del referendo y con la desaparición por tres días de Uribe, de las pantallas y de los medios, ocurrió lo contrario. Cuando se hicieron públicos los 41 impedimentos de congresistas en el Senado, muchos dictaminaron que iba a ser el comienzo del fin de la luna de miel, pero su popularidad siguió incólume. Ni siquiera la presentación de un proyecto tan polémico como el de la ley de alternatividad, ni su cuestionado proceso de paz con los paras el cual tiene críticos en varias orillas, le han hecho mella en las encuestas.

Falta ver si el efecto teflón es resistente al tema de la reelección, a las insistentes invitaciones de congresistas a Palacio, a las sorpresivas visitas de ministros y funcionarios del Estado a los despachos de los representantes y a los corrillos del Congreso, en los que se asegura que ya hay muchos congresistas «confusos», que necesitan ser iluminados por la luz de Palacio, de la misma forma que lo fueron Name Terán, Yidis Medina, Teodolindo Avendaño...

Los que se fueron

—Como vamos, no sacaremos ni tres millones de votos, —dijo el presidente mirando a Fabio Echeverri. —Por eso he decidido hacer unos cambios. El que manda ahora en el tema del referendo —y lo señaló con la mano— es el doctor Fabio.

Faltaban 25 días para la votación del referendo y allí estaba en su despacho, convocado por él a una reunión de emergencia, el grupo de colaboradores más cercanos. De un lado, su equipo de confianza, el mismo que lo acompañó en la campaña: Alicia Arango, su secretaria privada, José Roberto Arango, su consejero, Ricardo Galán, su jefe de Prensa, y Fabio Echeverri, tal vez uno de los pocos consejeros que por su ascendencia patriarcal sobre Uribe, se atreve a decir lo que piensa, sin que el presidente le pregunte, y a entrar sin permiso a su despacho. A él el presidente le dice «doctor Fabio».

Del otro lado, el controvertido ministro Londoño, quien por llegar tarde a la reunión, seguía tratando de ubicarse al lado de Alberto Velásquez, el secretario general, un empresario paisa que, por haber trabajado con Uribe en la campaña, resultó nombrado, para sorpresa de él, secretario general.

La *petite histoire* de Londoño había comenzado unos meses antes, cuando el presidente Uribe le encargó esa tarea, la de sacar adelante la campaña del referendo, y éste la cumplió, pero a su manera, como todo lo que hacía Fernando Londoño. Nunca su talante encajó en el esquema uribista, el mismo que convierte a los ministros en ayudantes del jefe. Ya este sistema había terminado apabullando a Roberto Junguito quien decidió renunciar a la cartera de Hacienda porque su talante no le daba para resignarse a ser un convidado de piedra. Sin embargo Londoño no se iba a entregar tan fácil. Buscándose su espacio, se dedicó a exaltar los ánimos, a polarizar con sus frases controvertidas y amenazantes a los enemigos del referendo en cuanto foro universitario podía asistir. Fue a la Javeriana, a los Andes, al Rosario, a la Sergio Arboleda, a la Sabana, en fin, a todas las universidades, menos a la Nacional. Estuvo en todos los clubes de la elite bogotana, pero nunca en un club de empleados.

A los congresistas les dijo marihuaneros. A los opositores al referendo los tildó de terroristas. Criticó a Lula, a Chávez y se enfrascó en una pelea con las Cortes, sin olvidar que llevaba a cuestas el tema de las acciones de Invercolsa, que lo habían puesto en la picota pública por haberlas comprado recurriendo a artimañas jurídicas. A un mes del referendo las encuestas presagiaban lo peor y «Colombianos por el Referendo» no despegaba, a pesar del respaldo empresarial con que contaba y de que al frente de ese proyecto estaba Alberto Velásquez, el secretario general de la Presidencia, el mismo que estaba sentado a su lado en esta reunión de urgencia convocada por el presidente.

Las palabras de Álvaro Uribe no le debieron gustar a Londoño, pero no dijo nada. A la semana, las cosas se empezaron a mover como las hubiera movido su equipo de confianza: centralizando el mensaje del referendo en la persona de Álvaro Uribe. A la semana ya Fabio Echeverri había invitado a cerca de 120 personas, entre funcionarios, ministros, congresistas y partidarios del referendo, a su casa de campo en las afueras de Bogotá. Cada una de ellas salió de allí con la tarea que tenía que hacer, a dónde ir y cuál campaña desarrollar.

Entre tanto Galán y sus huestes se dedicaron a inundar las emisoras de las provincias, los canales comunitarios y cuanto programa hubiera interesado en entrevistar a Uribe sobre el referendo. Sabían que estaban cortos de tiempo y que había que recurrir a los trucos virtuales, aprendidos en el largo trajinar de reportero de Ricardo Galán.

Este era el tejemaneje. Galán entrevistaba al presidente con miras a que el reportaje fuera trasmitido por un canal institucional. Los canales comunitarios, avisados de que esto iba a ocurrir, la bajaban, la grababan en un casete y cuando la iban a emitir podían quitar los planos donde aparecía Galán para que apareciera el reportero del canal haciendo las mismas preguntas.

El presidente, por este truco virtual, podía aparecer respondiéndolas, como si la entrevista no sólo fuera real, sino en directo. Gracias a estas peripecias, el país nunca supo que Álvaro Uribe consiguió mantenerse vigente, sin salir de su apartamento de Bogotá, durante cerca de un mes y medio, convertido en un candidato virtual, luego del tedioso atentado en Barranquilla, cometido por las FARC.

Pero como toda pirueta tiene su lado imponderable y peligroso, esta estrategia tenía sus costos. Para que la entrevista no sonara tan institucional y oficialista, Galán se cuidaba de hacerle al presidente preguntas audaces, las cuales resultaban a la hora de la verdad poco convincentes a ojos no sólo de los opositores al referendo, sino de un electorado urbano que no se deja tramar tan fácilmente. Para ellos estas entrevistas parecían publirreportajes bien orquestados desde Palacio, hechos para evitar la controversia, la discusión, que demostraban cómo el Gobierno estaba utilizando los medios del Estado para promover el referendo y ensalzar aún más la figura presidencial. A Galán esas críticas lo tenían sin cuidado. Su misión era llevar el mensaje a cuantos colombianos se pudiera y si de esa forma se conseguía matar varios pájaros de un tiro, cualquier crítica era superflua.

Otro tanto se hizo en las emisoras de todo el país; sobre todo las más populares, aquellas a las que Uribe había conocido en las frías madrugadas bogotanas cuando tenía tan sólo cuatro puntos en las encuestas y le tocaba golpear sus puertas, desde las cinco y media de la mañana, a ver si le prestaban sus micrófonos. Ya de presidente, las volvió a recorrer una por una —de manera virtual y real—, como si estuviera de nuevo en campaña o, mejor, como si nunca hubiera dejado de ser candidato, dándole así la razón a quienes dicen que Uribe ejerce la Presidencia como si estuviera siempre en campaña, como si las noches no le dieran abasto, como si los saludos a las multitudes fueran impajaritables y como si su memoria de elefante para los nombres y para las cifras fuera imperiosa en todo momento.

Vino entonces una sobreexposición del presidente en todos los medios colombianos, la cual llegaría a niveles insospechados: decidió ir al Gran Hermano y aprovechar los 35 puntos de *rating* que tenía el programa.

«La interpretación de los puntos del referendo que hicieron los habitantes de la casa tuvo más impacto que las juiciosas explicaciones que en *power point* hacían los señores contratados por Colombianos por el Referendo», confesó una voz de Palacio que no veía mayor problema en que un presidente saliera en un *reality*. Se sentó en los sofás-pufs morados del canal musical, esos en los que uno queda hundido irremediablemente y sin aire para hablar, y hasta pensó entrar en la serie de «Francisco, el Matemático» de RCN, como profesor del Jimmy Carter, a hacer pedagogía del referendo. Lo que sí no hizo fue enfrentarse con periodistas reales, que no estuvieran dentro de un set de un *reality*. A última hora desistió de asistir a un programa de Caracol Televisión, canal que había previsto una entrevista con Enrique Santos Calderón, codirector del diario *El Tiempo*.

La estrategia, a pesar de los costos y del innegable desgaste, fue exitosa: en un mes consiguieron tres millones de votos. Y aunque esta cifra no fue suficiente para sobrepasar el umbral, nadie duda de que la derrota había sido peor si Londoño hubiera seguido al frente del referendo. Desde entonces, los días del ministro estaban contados.

Eran las diez de la mañana cuando el celular de Ricardo Galán, jefe de Prensa de Palacio sonó. Él lo contestó mientras iba camino a la reunión que el presidente había concertado con las Fuerzas Militares en el Centro de Convenciones de Paipa.

—¿Cuándo dijo eso? ...que me manden la transcripción de lo que dijo el ministro Londoño a Paipa, lo más pronto posible, por favor.

A los pocos minutos la transcripción de una nueva embarrada dicha esa mañana por el ministro Londoño, en el Club de Banqueros, le estaba entrando al fax de Galán en Paipa. La leyó presuroso, mientras iba camino a donde se

encontraba el presidente, quien estaba hablando informal-
mente con los militares.

Galán lo llamó a un lado. Le entregó la transcripción
del discurso y lo puso al tanto de lo sucedido. Uribe la
leyó. En ella, el polémico ministro decía que si a Uribe no
le pasaban las reformas que se habían quedado en el referendo, él, Uribe, «estaba incluso pensando en anticipar
elecciones».

La frase era de doble lectura y las dos acepciones eran
igualmente desafortunadas. Para los opositores de Uribe, la frase sonaba amenazante, como si fuese cosecha del
propio presidente y no del ministro Londoño; cada vez
la gente creía menos el embuste de que Londoño era una
rueda suelta. «Aunque eso lo hubiera dicho el presidente,
no se puede repetir en público», me dijo un político aveza-
do que sabe de los intríngulis de Palacio. Para los uribistas, tambien la frase sonaba a pataleta desafortunada, a
desespero, a pérdida del norte. Eran las diez y quince.

El presidente terminó de leerla y sin inmutarse le dijo
a Galán:

—Llámese a José Roberto inmediatamente y que le pida
la renuncia.

Acto seguido, se sentó en la mesa, rodeado por la cúpula militar:

—¡Galán!, deme nombres para el nuevo ministro del
Interior y de Justicia —le dijo, mientras se le notaba un
inusitado alivio en su rostro, como si acabara de quitar-
se un piano de encima, y su mirada recorría a los atóni-
tos militares que aún no podían creer lo que estaba
ocurriendo.

Galán rió y se fue a cumplir con la orden.

A los diez minutos José Roberto Arango estaba llamando a Fernando Londoño a pedirle la renuncia.

Los que conocen bien a Uribe sostienen que el presidente debía haber madurado esta idea desde tiempo atrás y que más bien había esperado hasta el último momento, hasta el último instante, para ver si las cosas se daban de otra manera y lograba evitar esa llamada. Todo parece indicar que Uribe lleva muy mal este tipo de pulsos. Es rápido y eficaz en los momentos de crisis, pero se vuelve un ocho ante las cosas aparentemente fáciles de manejar. «Uribe no le teme a la confrontación, ni le importa que lo acusen de paramilitar; en cambio se amilana y se enconcha cuando se trata de pedirle a un colaborador su renuncia» me dijo una voz de Palacio. Esa es de las pocas cosas que prefiere delegar, verbo que en Uribe casi nunca se conjuga. Para esos menesteres están sus consejeros, sobre todo dos de ellos: José Roberto Arango, su fiel amigo de colegio, y la figura patriarcal de Fabio Echeverri.

Esa dupleta fue la misma que llegó a la casa de la ministra de Defensa Marta Lucía Ramírez, una semana después de la salida de Londoño, a informarle que el presidente pensaba que lo mejor que ella podía hacer era presentar su renuncia, luego del engorroso asunto del misil del Ecuador. El presidente, convencido por informaciones del DAS, que a la postre resultaron falsas, sostuvo desde un comienzo que el misil que se usó en el atentado al presidente de Fedegán venía de Ecuador, más precisamente de las fuerzas militares. El presidente de Ecuador reaccionó airadamente y lo refutó con pruebas. Luego vino un proceso de acercamiento entre las dos Cancillerías que empezó a abrir caminos para evitar que esta disputa llegara a mayores y, cuando todo esto estaba en ebullición, ¡zas!, la ministra metió la cucharada al conceder una entrevista a un diario de Guayaquil en la que decía que ella no tenía ninguna información que dijera que el misil era ecuatoriano. Ergo, la imprecisión había sido culpa del presidente. Craso error el de la ministra, convertir al presidente en un fusible, cuando las reglas de protocolo dicen que es al contrario, que los fusibles son los ministros, sobre todo cuando el equivocado es el presidente. Ya era evidente que, al igual que Fernando Londoño, Marta Lucía Ramírez no había encajado dentro del nivel de subordinación que les exige a los ministros el esquema uribista. Su afán por figurar, por hablar ante los micrófonos, por dar entrevistas en los diarios, en las emisoras —parecido al que sostenía tambien el ministro Londoño—, contrastaba con el escaso manejo que tenía sobre los generales. Decían las malas lenguas que cuando el general Mora se iba del Ministerio y la ministra lo llamaba por el celular, él miraba la pantalla y no lo contestaba. Era tan evidente esta guerra interna dentro del Ministerio, que el diario madrileño *El País* registró la intempestiva salida de la ministra Ramírez con el título de «Ganaron los generales». A los pocos días el general Mora y la cúpula militar también saldrían, demostrando con ello Uribe, que a pesar de que no le gusta hacerlo, cuando descabeza lo hace por punta y punta.

A las cuatro de la tarde de ese domingo el presidente Uribe llamó a Ricardo Galán para dictarle cuatro párrafos. En ellos se decía que el Gobierno Nacional había decidido prescindir de la ministra y se daba el nombre del nuevo ministro. La orden perentoria era que él mismo debería leerla ante los periodistas. Lo malo fue que cuando José Roberto Arango y Fabio Echeverri llegaron a la casa de la ministra para proponerle la idea de su renuncia, las cosas se precipitaron de manera inevitable para Marta Lucía. Cuando los consejeros salieron de allí, y ella se disponía a redactar su carta, vio por la televisión a Ricardo Galán, el jefe de Prensa del presidente, anunciando el nombre del nuevo ministro de Defensa.

Fernando Londoño recibió la llamada de José Roberto Arango, mientras iba en su auto camino a otra conferencia en la Universidad Sergio Arboleda. No se debió sorprender. Unos días antes había estado reunido con José Roberto y éste le había prevenido sobre la delicada situación en la que él se encontraba. Desde entonces sólo esperaba la seña presidencial y ésta había llegado con la llamada de José Roberto. Una vez se presentó en la universidad, aprovechó esa ágora estudiantil para anunciar que era la última vez que se dirigía a los colombianos como ministro de Estado.

A la salida, se fue directo al Palacio de Nariño. A las doce y media estaba entrando en el despacho de José Roberto Arango a entregar su tan prometida y esperada carta de renuncia. La primera y única que efectivamente presentó aclaro, ya que Londoño fue pródigo en hablar de cartas de renuncia que nunca se materializaron. No era cierto que existiera desde tiempo atrás una carta de renuncia en el escritorio del presidente, que habría sido rechazada, como lo dijo Londoño ante los micrófonos más de una vez, días antes de su caída.

En realidad, lo que sí había expresado, y en varias ocasiones, era su voluntad de renunciar a su cartera; sin embargo estas reflexiones nunca las había puesto en el papel. La primera vez que arrojó esa idea fue el domingo luego de que el referendo no pasó, cuando alguien, en medio del fragor de la derrota en Bogotá y del triunfo de Lucho Garzón, le oyó decir que él tenía que renunciar para dejar en libertad al presidente. La frase se esfumó en medio del aire denso y amargo que se sentía ese domingo en Palacio, pero no pasó de allí.

Vino luego otro incidente que tampoco lo dejó bien parado frente a sus colegas. El ministro de Minas, Luis Ernesto Mejía, motu proprio, decidió emprender una cruzada ante los demás colegas para conseguir una renuncia protocolaria de todos los ministros, que dejara en libertad al presidente. A él le parecía que esa era la mejor forma de mostrar su solidaridad con el mandatario en vista de la dificultad que el presidente tenía para hacer cambios en el gabinete. La propuesta del ministro de Minas daba el tono del ambiente que se sentía en el gabinete por entonces. Era evidente que las figuras de Londoño y de Marta Lucía Ramírez acusaban ya fatiga de material. Sin embargo, a pesar de sus embarradas y de que alrededor de los dos se había creado un ambiente de animadversión que poco facilitaba su tarea, el presidente no les pedía la renuncia. Sus consejeros, sus colaboradores más cercanos, no entendían por qué Uribe insistía en dejarlos ni por qué había nombrado como ministro a un personaje como Londoño, si nunca había estado en la campaña, si nunca había sido especialmente cercano a Uribe.

El ministro de Minas, entusiasmado, llamó a todos, incluyendo a Londoño, para pedirles la carta. Sin embargo, Fernando Londoño, a lo mejor sintiendo pasos de animal grande, hizo caso omiso de la llamada capoteando con audacia el tema y tampoco la presentó en esa oportunidad. No fue el único, es cierto, pero su silencio fue elocuente; mostraba lo difícil que iba a resultar sacarle a Londoño aunque fuera una renuncia protocolaria. Es probable que el ministro estuviera esperando que Uribe mismo lo llamara un día y se la comunicara. Siendo un presidente tan activo, tan dedicado a la política puntual, a la minucia, era lo mínimo que se podía esperar.

Fue entonces cuando Alberto Velásquez, el secretario general de la Presidencia, llamó a Londoño y le pidió muy comedidamente la carta de renuncia, además le comentó que hacían falta las de otros ministros. Él se molestó con la llamada. Creía que él debería ser el indicado en realizar esa gestión ante los demás ministros y no su colega de Minas. Dijo entonces que la enviaría y que iba a llamar de nuevo a todos los ministros para que todos actuaran en bloque. La renuncia protocolaria de todos los ministros nunca llegó a darse. El presidente, al enterarse de que esta historia se estaba cocinando a sus espaldas, no sólo desechó por completo esa idea, aduciendo que esa no era forma de arreglar las cosas, sino que se enfureció con Alberto Velásquez y con Londoño.

Lo cierto es que cuando toda esta tempestad pasó... tampoco se encontró la carta de renuncia de Londoño.

Por eso, el día que llegó a Palacio y depositó en el despacho del secretario general su carta de renuncia pocos creían que el peso pesado del gabinete había caído. Por lo que he podido saber, ese día casi todos en la Corte festejaron su salida.

Siete de una

Era sábado, 10 de noviembre de 2003, y en Palacio la noticia ya se había filtrado, como se filtran siempre en todos los gobiernos las informaciones delicadas que van a sacar *Semana* o *Cambio*: antes de tiempo. El semanario iba a salir ese domingo con una denuncia en contra del general Gallego, entonces comandante de la Policía de Medellín, en la que se afirmaba que el prestigioso general manejaba de forma irregular los gastos reservados de Inteligencia.

Sin embargo, las alarmas se habían disparado más que de costumbre debido a que en Palacio todo el mundo sabía que detrás de esa denuncia estaba un peso pesado: Pedro Juan Moreno Villa. Un personaje controvertido, adinerado, malhablado —él diría «castizo»— y acostumbrado a estar rodeado de polémicos generales retirados como Rito Alejo del Río. Pedro Juan Moreno se precia hasta hoy de entrar al Ministerio de Defensa, al DAS y a la Fiscalía de Luis Camilo Osorio, con una facilidad que sólo se le ha visto a Isaac Lee en estos últimos tiempos.

Es cierto que anda armado —no lo niega— pero nunca se ha metido con granadas, «menos para acompañar a Fabio Echeverri a la embajada británica». Vivía tranquilo, dice él, siendo un empresario exitoso de una prestante familia paisa, hasta que le picó el bicho de la política en la gobernación de Álvaro Uribe y se convirtió en su mano derecha como secretario de Gobierno de Antioquia. Él era el hombre encargado de la ingeniería de los consejos de seguridad que se hacían a las siete de la mañana todos los días en Medellín, parecidos a los que hace ahora Uribe de presidente todos los lunes, pero ya sin él.

Un hombre de derecha, sin duda, de carácter recio, que se entiende a veces mejor con sus caballos que con la humanidad. Su pasión, además de la que tiene por los caballos, es la de ser un especialista en eso que Sun Tzu definía como el ojo avizor que debe tener cualquier gobernante: la inteligencia. Siempre pensó que iba a estar al lado de Uribe si éste llegaba a la Presidencia, y que él, con su conocimiento sobre los temas de inteligencia, iba a ser ese ojo avizor de esa administración.

Sin embargo, las cosas no se le han dado de esa manera, a pesar de que él había formado parte de ese pequeño y minúsculo grupo que se alistó en Antioquia con la idea de conquistar Bogotá, con oportunidad de la campaña presidencial. En compañía de Julio Enrique Botero había llamado a Fabio Echeverri a proponerle la idea de que se pusiera al frente de la campaña de Uribe en Bogotá, pensando que «Puchinbol», así llaman algunos a Fabio Echeverri, reunía las condiciones para ser un empresario paisa exitoso y con excelentes relaciones en el difícil notablato bogotano. A él, a Fabio, le había gustado la idea.

No obstante, en la medida en que Uribe iba repuntando en las encuestas, el poder de Pedro Juan se iba horadando en la campaña, debido entre otras a la reticencia que él tenía en los medios capitalinos que lo retrataban como un hombre de derecha intolerante, próximo a los extremos, que además venía de estar inmerso en un capítulo con la DEA y la aduana norteamericana por cuenta del equívoco señalamiento que había hecho el general Gallego a su empresa familiar comercializadora de insumos químicos. El general habría señalado a su padre —fallecido 33 años antes— como propietario y presunto desviador de químicos.

A pesar de todo, Pedro Juan seguía librando las batallas para limpiar «su honra y la de su familia», sin abandonar su admiración por Uribe y su proyecto político. Lo que nunca imaginó fue que Fabio Echeverri terminara «declarándole la guerra». El primer encontronazo que tuvieron fue en plena campaña cuando Pedro Juan le propuso a Uribe la realización de una campaña de motivación entre los familiares de la fuerza pública. Al cabo de unos días recibió una carta, que él sintió totalmente impersonal, firmada por Fabio Echeverri, diciendo que la campaña Primero Colombia no podía darle cabida a esa propuesta porque era muy costosa. Es probable que los argumentos que esbozaba Echeverri fueran contundentes y ciertos, pero Pedro Juan entendió la negativa como un acto de poder, displicente para con él.

La segunda estocada que recibió Pedro Juan Moreno por parte de Fabio fue cuando éste lo llamó a Palacio para que asistiera a una reunión en la que se iban a nombrar las comisiones de empalme para los ministerios. Pedro Juan Moreno pensaba que iba a ser nombrado en el empalme del Ministerio de Defensa, debido, entre otras cosas, a sus buenas relaciones con el Ejército. Sin embargo no ocurrió así: Fabio Echeverri, acaso pensando que el nombre de Pedro Juan era demasiado controvertido, decidió que el más indicado para dirigir el empalme en ese ministerio era él. Moreno salió de la reunión de Palacio con un sabor amargo. Entonces, ¿a qué lo habían invitado?

En el tercero y último encontronazo, la guerra entre los dos quedaría declarada. Estando en el Ministerio de Defensa, lugar al que Pedro Juan iba con frecuencia, recibió una llamada de Fabio Echeverri en la que le increpaba por su presencia en ese lugar. Le recordó que él no era miembro de ninguna comisión de empalme. Pedro Juan lo mandó al carajo y le dijo que él no tenía por qué pedirle permiso a nadie para entrar al Ministerio. Ese día Pedro Juan Moreno, motu proprio, decidió voluntariamente sustraerse de Palacio; dejar de llamar y de aparecerse.

El tiempo que antes le dedicaba a Álvaro Uribe lo empezó a invertir en defenderse de las acusaciones que le hacían en Estados Unidos que, por lo demás, lo habían convertido en un hombre injustamente atormentado. Su obsesión ahora era resarcir su nombre y demandar a quienes se metieron con él, de manera alevosa e injusta. Sobre la mesa tenía varios litigios, entre ellos uno contra el periodista Roberto Posada, dueño de una columna en *El Tiempo*, la más leída del país. Pedro Juan lo había demandado por injuria y calumnia y lo había conminado a retractarse, so pena de hacerle pagar la afrenta con embargos a su propiedad. El periodista había sostenido, entre otras cosas, que Pedro Juan solía andar con granadas; la versión habría sido dada por Fabio Echeverri, según afirmación hecha por un testigo ante la Fiscalía. Sin embargo, el consejero presidencial a la postre esquivaría hábilmente tal aseveración, cuando fue requerido por la Fiscalía, hecho que dejaría a D'Artagnan en un inusitado estado de indefensión.

Pedro Juan Moreno estaba tan seguro de que iba a ganar el pleito contra Roberto Posada —de hecho así sucedió— que incluso no había aceptado la intermediación que había tratado de hacer el propio presidente Uribe para que arreglaran el asunto con el periodista de forma amistosa. Sin que el columnista supiera, el mandatario le había impartido instrucciones a su secretaria privada, Alicia Arango, para que se comunicara con Pedro Juan y le propusiera una reunión en Palacio. Sin embargo, cuando Pedro Juan recibió la llamada de Alicia Arango anunciándole la propuesta, éste le respondió, algo exaltado, que no la aceptaba. Para ratificar este hecho envió por fax una carta a Alicia Arango. Su «tono» exaltado muestra el brioso, indómito y teatral carácter de Pedro Juan Moreno:

En la parte superior derecha de la misiva se lee, como para que no haya equívocos:

«Referencia: Citación para concurrir a una Audiencia con el Presidente de la República y el periodista D'Artagnan».

En negrillas, en el centro de la página, comienza la carta con una arenga: «Mi honor y mis principios morales no son negociables».

A continuación, una declaración de principios: «Soy enemigo a muerte de las deslealtades, de la mentira, de la trapisonda, de la intriga, del escalamiento a costa del honor de los amigos, de los actos malévolos y mal intencionados». Otra vez negrillas: «Desafortunadamente el ser humano en su mayoría ha sido vencido por estos males y miserias».

Por si hubiera quedado una aclaración más que hacer sigue la diatriba: «No es mi estilo causarle daño a mis semejantes, por eso —otra vez negrillas —no provoco, ni patrocino hacia nadie, pleitos de ninguna índole, siempre le he rendido culto a la dignidad, al nombre y al honor del ser humano».

Como si lo anterior no hubiera sido suficiente, insiste que «en concordancia con la convicción que tengo de la sana convivencia, no tolero en lo más mínimo que quienes han pregonado ser mis amigos, o que desconocidos a "sueldo", jueguen a su antojo privada y públicamente con mi honor, nombre y dignidad».

Ahora, el turno para el amigo herido y despechado:

«No deja de sorprenderme la solidaridad de algunos de mis amigos con D'Artagnan buscando por doquier la forma de sacarlo de la encrucijada que él mismo se forjó, por qué mejor éstos no se unen para desmentir públicamente ante todos los colombianos la falsedad y alevosía de las múltiples columnas donde el periodista trituró a pedazos mi buen nombre...».

...Y, finalmente, le dice a la secretaria privada del presidente:

«Apreciada Alicia: En este estado, apreciada Alicia, recuerdo una enseñanza de mi padre, cuando me decía: "Mijo..., nunca se haga cargo de misiones odiosas..."».

Y de ñapa le dice que su amable llamada telefónica le trajo a su memoria las palabras de Confucio:

«No hay cosa más fría...
que un consejo
cuya aplicación sea imposíble...».

Hoy Pedro Juan, alejado de Palacio, anda en otra orilla, convertido en «ingeniero litigante» y en el director de una publicación, *La Otra Verdad*, desde donde levanta ampolla denunciando escándalos de corrupción que salpican generalmente a personas cercanas al presidente Uribe o a servidores de la patria como el prestigioso general Gallego, héroe de mil batallas —que Pedro Juan Moreno denomina «Pantallas»—, producto de esta guerra tan desigual que libramos en contra del narcotráfico.

El general Gallego había sido pieza fundamental en la lucha contra el cartel de Cali, sobre todo en el momento más difícil en que, luego de un arduo y constante trabajo, se logró la captura de los Rodríguez Orejuela. Sin embargo, este impetuoso oficial, siendo jefe antinarcóticos de la Policía y uno de los hombres más reputados en las oficinas de la DEA en Miami, había cometido un error en una de las tantas investigaciones que había adelantado: por un descuido inadmisible señaló a una empresa comercializadora de insumos químicos, de propiedad de la familia de Pedro Juan Moreno, como el lugar donde posiblemente la mafia del narcotráfico se surtía para comprar insumos que le permitieran procesar la droga, sin tener pruebas que así lo justificaran.

Para colmo de males, puso la denuncia en cabeza del padre de Pedro Juan Moreno, quien había fallecido 33 años antes de la fecha en que se había iniciado la investigación; esta acusación mal fundamentada había servido de base para que la DEA acusara a la empresa de su familia, productora de insumos químicos, de vender el producto para la elaboración de droga.

Como si esto fuera poco, la noticia había salido registrada en la revista *Cambio*, hecho que motivó a Pedro Juan a abrir un pleito contra el semanario. La equivocación del general Gallego había sido el comienzo de una cadena de acontecimientos que terminarían llevándose de bulto la carrera del general y que convertirían a Pedro Juan en un ser atribulado, obsesionado por limpiar su honor y el de su familia.

Después de una ardua pelea de abogados, Pedro Juan consiguió, primero, que la DEA le levantara la investigación. Posteriormente ganó el juicio administrativo. Sólo le quedaba en la mira el general Gallego y su pleito contra la revista *Cambio*. Se puso a la tarea de seguir al general Gallego, como quien sigue a una sombra. Una fuente anónima le hizo llegar la evidencia de que el general no entraba las donaciones que le hacían a la Policía en el presupuesto, como mandaba la ley, sino que las guardaba en una especie de cuenta paralela. Gallego estaba atrapado.

Pedro Juan Moreno había enviado a Palacio la información sobre el general Gallego —la misma que iba a aparecer en la revista *Semana*— en una carta dirigida al presidente de la República con fecha del 31 de octubre de 2003, con la idea de que el presidente reaccionara y pusiera en evidencia al general. Sin embargo, los días pasaban y de Palacio Pedro Juan no escuchaba ninguna respuesta. Fue entonces cuando decidió llamar a tres medios y suministrarles la información. De esos tres sólo Gloria Congote, de *Semana*, reaccionó favorablemente. Ahora la noticia iba a salir publicada en ese medio y en Palacio se habían prendido las alarmas, tal como lo quería Pedro Juan.

Es probable que en la Casa de Nariño varias voces hubieran decidido no ponerle atención a la carta que Pedro Juan Moreno había enviado dando cuenta de cómo el general Gallego podría estar usando de manera irregular los gastos reservados. Sabían de sobra que entre este controvertido personaje y el general Gallego había una historia agria. Estaban enterados también de que Pedro Juan Moreno, con razón o sin ella y a pesar de haber ganado todos los pleitos que en los Estados Unidos sobrevinieron al equivocado señalamiento hecho por Gallego, había dicho en más de una ocasión que no iba a descansar hasta hacerle pagar al general Gallego todo lo que le había hecho.

Lo cierto es que ese mismo sábado, cuando ya todo el mundo conocía que la noticia iba a salir en *Semana*, el presidente llamó por primera vez al general Campo para informarle que iba a salir una denuncia en contra del general Gallego, la cual esperaba fuese aclarada por Campo lo más pronto posible. El director de la Policía recibió la llamada no sin cierta preocupación.

El domingo 11 de noviembre de 2003 —el mismo día en que el presidente nombra nuevo ministro de Defensa— Uribe vuelve a llamar al general Campo. De nuevo le pregunta si ya está listo el informe que le permita aclarar la denuncia hecha por *Semana*. El general, con cierta razón, le dice al presidente que todavía no se ha podido terminar el informe pero que ya están avisados los organismos de control para que procedan a investigar las cuentas del general Gallego. El presidente le pregunta que para cuándo podría tener un informe y él le responde que, según los peritos, lo podrían tener para el miércoles.

El lunes el presidente lo vuelve a llamar insistentemente, pero el general le dice que no sabe todavía en qué van las investigaciones y que él no puede prescindir de un general de la talla de Gallego por una denuncia de la revista *Semana*; insiste ante el presidente que tiene que esperar a que los organismos de control den su veredicto. El presidente, algo molesto, le responde con un ultimátum y le dice que tiene hasta las dos de la tarde del miércoles para entregar el informe. A las dos de la tarde de ese día el presidente no ve el informe, por más que pregunta por él. Ordena entonces que llamen al general Campo, quien se encuentra a esas horas atendiendo una citación en el Congreso. Está al lado del general Mora, quien le comenta, algo preocupado, que el presidente está buscándolo para pedirle la renuncia.

El general sale del Capitolio sintiendo pasos de animal grande. A los pocos minutos entra a la oficina del secretario general de Palacio. Pide hablar con el presidente. La conversación, me dicen, es escueta. El general no tiene ningún informe que mostrar pero le propone una idea: «Vengo a pedirle permiso para hacer una reestructuración en la Policía» dicen que le dice Campo al presidente. Después de oírle algunos nombres, el jefe de Estado le interrumpe con esta frase: «Y en la reforma... ¿está incluido usted?».

Acto seguido, cuentan que Campo se va donde Alicia Arango, a la oficina de la secretaria privada. Pide un papel y, de su puño y letra, redacta su carta de renuncia.

Media hora más tarde, luego que el presidente es informado de la decisión del general, pide que le traigan una lista de los generales de la Policía. La mira detenidamente por no más de un minuto. Toma un esfero de su escritorio y, ¡zas!, subraya un nombre:

—Este es el nuevo director de la Policía. Vayan y anúncienlo.

Con este plumazo salieron siete generales de un tacazo, entre ellos, obviamente, el apabullado general Gallego y todos los que tuvieran más antigüedad que Jorge Enrique Castro, el general elegido. Entre ellos, el general Héctor Darío Castro Cabrera, subdirector de la Policía, y el general Víctor Manuel Páez Guerra, inspector general.

Ese mismo día, cuando Pedro Juan Moreno, desde su casa en Rionegro, al lado de sus caballos, de su criadero, supo lo sucedido, cobró su parte de victoria: «Yo soy el único que ha tumbado a siete generales de una», afirmó con el pecho henchido.

Se debió reír a sus anchas, echar varios hijueputazos y festejar la caída del general Gallego, al calor de unas coplas y de unos cuantos aguardientes.

Si a estos siete generales que sacó de un plumazo Uribe se le agregan los ocho que ya había sacado Campo cuando llegó a la Policía, además de los otros nueve que el general Gilibert había destituido en el año anterior, se llega a la conclusión de que en los dos últimos años, entre el 2002 y el 2004, 24 generales han salido de la institución.

Hoy, después de esa múltiple descabezada que se sigue sintiendo impulsiva, la institución afronta uno de sus peores momentos, minada por la corrupción. Si a esta situación se le agrega la difícil relación que hay entre la Policía y el presidente, las cosas no auguran nada bueno para este cuerpo. «El presidente tiene una predilección por el Ejército que es innegable. Y en cuanto a la Policía, Uribe pretende convertirla en una fuerza antisubversiva, contraviniendo su naturaleza eminentemente cívica», me dijo un oficial de este cuerpo que prefiere seguir en el anonimato.

Quienes conocen a Uribe sostienen que este plumazo no fue producto de la improvisación sino de una reflexión que el presidente ha debido venir haciendo, eso sí, de manera solitaria, en su propia cabeza. En este caso en particular, dicen los uribólogos, esta decisión bien pudo estar influenciada por el hecho de que Uribe ya sabía que la Policía estaba dominada por al menos tres «roscas». Ante la sola posibilidad de que le estuvieran armando grupitos a sus espaldas, es probable que el mandatario hubiera decidido salir de todos.

Sin embargo, a pesar de esta argumentación tan aparentemente sólida, a los dos días de la salida del general Campo y compañía, el presidente llamó al general Luis Alfredo Rodríguez, *El Perro* —reconocido por ser «su» hombre de confianza en la institución desde que estuvieron juntos en la gobernación de Antioquia y quien aparecía como el más probable sucesor de Campo—, a pedirle cuentas de una operación. Ésta fue la respuesta del general:

—Presidente…, ¡cómo me pregunta esas cosas, si usted hace dos días me destituyó!

4
La corte de Palacio

«Nosotros tenemos la pretensión de ser los asesores de Uribe, pero en realidad somos sólo sus secretarios» me admite uno de los hombres más cercanos a Uribe, quien además es miembro de su primer anillo de poder. Para nadie es un secreto que el presidente Uribe no es un hombre «de equipo». Por su forma de ser, de concebir la política —es obvio que le gusta ejercerla con un sello muy personal— y por la forma piramidal como concibe su gestión, es evidente que a Uribe tampoco le desvela el hecho de no ser un hombre esclavo de los sanedrines, como sí lo fue Samper de su «gabinete de crisis», como lo fue Pastrana de su cerrado círculo de amigos, o Barco de su sanedrín de sabios.

Uribe es de otra estirpe; de aquella que concibe la política como un ejercicio personal que requiere de su entera dedicación y que debe ejercerse como si se tratara de una misión, de una cruzada. Sus gestos, sus rictus, su voz y su mirada intensa lo muestran cada vez más como un presidente misionero que habla como lo hacen los predicadores, con esa energía propia de los que se sienten escogidos, ungidos por las altas instancias para llevar a cuestas la difícil tarea de salvar a Colombia del caos. Cuando a Malcom Deas, el colombianólogo, profesor de Oxford y amigo cercano de Uribe, le preguntan cómo definiría a Uribe, ésta es su respuesta: «Es un hombre con destino».

Sin embargo, a la hora de gobernar, este Uribe misionero, que se mueve entre el poder como si fuese un hombre predestinado, lo hace de una manera abiertamente jerárquica, de arriba hacia abajo, atravesando con su personalidad avasalladora todos los estadios de decisión en virtud de esa meticulosa obsesión por el detalle que hace de la microgerencia el camino necesario que Uribe debe recorrer para llegar a la verdad absoluta. El resultado de esta forma de gobernar se resume en una frase irrefutable que se escucha siempre cuando se habla de Álvaro Uribe en los corrillos del poder: «Aquí el único que manda de verdad es el presidente».

A lo mejor, por eso el perfil de quienes integran su círculo cerrado es más bien parco. Algunos de ellos provienen del mundo empresarial antioqueño, sin mucha experiencia en las políticas públicas o en el arte de Maquiavelo, pero con un palmarés exitoso como gerentes de sus empresas. José Roberto Arango, su más cercano consejero, es amigo de Álvaro Uribe desde el colegio en Medellín y socio en la cafetería El Gran Banano. Los dos se casarían muy jóvenes. Uribe con Lina Moreno, hija de un patriarca de Medellín, Darío Moreno, y él con Maggie Londoño White, hermana de Diego Londoño White, todo un *enfant terrible* del notablato paisa.

Josefo

Josefo, como se le llama familiarmente, conoce a Uribe como la palma de su mano, e insiste, cuando se lo preguntan, que desde que tenían ese negocio sabía que Uribe estaba predestinado para llegar a la Presidencia en razón de que era un hombre de cualidades excepcionales. «Yo no sirvo para hablar de Uribe porque confieso que no soy muy objetivo», dice siempre a quienes le preguntan por su amistad y admiración por el jefe de Estado.

De todas maneras, es curioso ver a este próspero empresario paisa, de 52 años —tiene la misma edad del presidente—, inexperto en el manejo del Estado y en el complejo mundo de la política, despachando desde el curubito y encargándose de los nombramientos, los cuales no siempre se escogen por la vía de la meritocracia, como lo prueban los 41 impedimentos que fueron presentados por los congresistas uribistas horas antes de que la plenaria del Senado aprobara, en un acalorado debate, el acto legislativo que proponía la reelección inmediata del presidente Uribe.

Aunque no tiene computador, como sí lo tenía Juan Hernández, célebre por ser el dueño del computador de Palacio en el que la administración Pastrana guardaba sus ofertas burocráticas, entre los políticos ya comienza a ser bastante reconocida «la *palm* de José Roberto». En ella reposan todos los secretos burocráticos de este gobierno, los cuales, a pesar de que existen, se han acostumbrado a hibernar de lo más bueno, a prudente distancia de una opinión que sigue convencida de que Uribe, haga lo que haga, entregue lo que entregue, sigue siendo para la tribuna un presidente que no intercambia votos por puestos.

Cauto, callado, pero agradable a la hora de hablar, José Roberto cumple también la función de superministro; es el enlace entre el presidente y el gabinete, cosa nada fácil dada la manía que tiene Uribe de meterse en las órbitas de los ministros, como si éstas no fuesen de ellos sino de él. Por tanto, no es extraño ver a los ministros haciendo antesala en la oficina de José Roberto. Su relación estrecha con los miembros del gabinete, agregado al hecho de que no hay concesión importante ni negociación de la cual él no esté al tanto, lo hacen el consejero más poderoso en Palacio.

Con Uribe, José Roberto Arango mantiene un trato curioso, por decir lo menos: en varias ocasiones el presidente le suele hablar duro, con una rudeza que no se le advierte cuando se trata de abordar a un Fabio Echeverri. Hasta el momento la situación no ha pasado a mayores, aunque sí se han dado episodios como el del 7 de mayo de 2004 cuando, a las once de la noche, los dos se trenzaron en una discusión acalorada sobre el metro de Medellín. En un momento dado, José Roberto se levantó molesto de la reunión. Cuando ya se iba a ir, el presidente le increpó: «No hemos terminado la reunión». «Para mí sí se terminó» le respondió, bastante molesto, José Roberto.

Cuentan que después de este agrio intercambio de palabras, el consejero-amigo salió del despacho presidencial y redactó su carta de renuncia. El agarrón se filtró a los medios y al otro día era la comidilla de las crónicas políticas. El rumor era que José Roberto ya no aguantaba más a Uribe y andaba pensando en irse a pasar unas vacaciones donde su amigo Guillermo Vélez, recientemente nombrado embajador en la China. Sin embargo, a los pocos días se vio almorzando a los dos en Palacio, como si nada hubiera sucedido. «Lo malo no fue la pelea que tuvieron, sino la rapidez con que se filtró» me advirtió, a manera de colofón, una voz palaciega.

Su gran ventaja es que José Roberto no tiene agenda propia como sí la tienen otros asesores cercanos al presidente Uribe. Él es un simple soldado del uribismo, presto a cumplir todas las tareas que le asigne su comandante; por ello suele resolver problemas puntuales allí donde su presidente lo requiera. Quienes le conocen en estas labores específicas dicen que hace bien la tarea cuando se mete en el detalle, pero que no le sucede lo mismo a la hora de tratar de solucionar problemas relacionados con el manejo del Estado. «Su gran vacío es que no es un hombre que sepa cómo funciona este monstruo y su inexperiencia en política lo hace un hombre ingenuo en esa materia», a pesar de que fue secretario de Hacienda cuando Uribe resultó nombrado alcalde de Medellín en el gobierno de Belisario Betancur.

José Roberto Arango conoció a Alicia Arango, la secretaria privada de Palacio, en la campaña de Uribe. Cartagenera de pura cepa, a Alicia la vena política le viene por su padre, el político liberal Juancho Arango. De todo el *entourage* de Uribe, esta mujer separada, madre de tres hijos, es la que más relación tiene con los anillos de poder que mueven la política. Antes de ser peñalosista fue samperista; en ese gobierno fue nombrada vicedirectora del Instituto Colombiano de Bienestar Familiar en los tiempos de Adelina Covo. Allí habría conocido a Uribe; al parecer lo escuchó en una presentación cuando era gobernador de Antioquia y le habría impactado tanto que al finalizar la intervención se fue adonde él estaba y le dijo de frente:

—¿Sabe qué? ...Si usted algún día se lanza a la Presidencia yo quisiera trabajar con usted.

Al saber que la administración Peñalosa llegaba a su fin —ella ocupó durante los tres años la dirección del IDRD— y de que Uribe lanzaba su candidatura, lo llamó y se le plantó en la campaña. Cuando llegó ya estaban allí Sandra Ceballos, Alberto Velásquez y, desde luego, José Roberto.

Los dos, Alicia y José Roberto, sufrieron un *coup de foudre* intenso y arrollador: se enamoraron perdidamente durante la campaña y hoy, aunque tratan de que sus pasiones no se adivinen en esos lúgubres pasillos de Palacio, siguen viviendo una apasionante historia de amor. Parcos en su forma de vida, no asisten a casi ningún ágape en Bogotá.

Alicia

Ejecutiva y dueña de un muy buen sentido del humor, recurso que no parece ser muy abundante en este gobierno, es una mujer echada pa´lante, con carácter fuerte. No es la primera mujer en ocupar la Secretaría Privada del presidente. Antes, en el gobierno de Virgilio Barco, ya había estado Eunice Santos, hoy directora del IDU. No obstante, sí es la primera vez que una secretaria privada tiene tanto realce.

A diferencia de sus antecesores, quienes más bien se caracterizaron por ejercer esa función adoptando siempre un perfil bajo —hablo de Gabriel Mesa con Pastrana, de Juan Mesa con Samper, de Ricardo Ávila y de Miguel Silva en la epoca de Gaviria, y de la misma Eunice con Barco—, Alicia Arango es una secretaria privada de alto perfil, el suficiente como para que en el programa de humor La Luciérnaga, de Caracol, se le considere un personaje relevante y se le tome del pelo.

No solamente interviene en la elaboración de la agenda privada del presidente, en la planeación de los viajes y de los eventos, sino que además habla en los Consejos de Ministros con una propiedad inusitada para su cargo. Pero, además, cumple la labor de representar al presidente en los consejos paralelos que todos los lunes se organizan en las regiones con las autoridades locales y departamentales y que van de la mano de los consejos de seguridad que el presidente hace ese mismo día. Ella es la persona encargada de fiscalizar el estado de la gestión de estos funcionarios, en compañía, imagino, de Annie Vásquez, otra de las mujeres influyentes en el escuadrón de uribistas.

Probablemente su alto perfil haya contribuido a mantener in crescendo la disputa interna que mantiene con el secretario general, el opaco Alberto Velásquez, un funcionario de bajo perfil, poco locuaz que, según algunos miembros de la corte uribista, no ha sido el más audaz en su tarea de lidiar con el Congreso. Alicia Arango ejerce la secretaría privada como si tuviera en la cabeza un par de antenas puestas, listas a detectar lagartos o visitas inesperadas que puedan incomodar al presidente. A pesar de ser una uribista de nuevo cuño, ha aprendido a manejarlo, hecho que le ha permitido escalar escaños. Hoy, Alicia está más cerca del presidente que varios de los uribistas veteranos.

Quienes han ocupado su puesto coinciden en afirmar que los secretarios privados, por andar tanto al lado del presidente, llegan a ejercer sobre el mandatario «un poder de envenenamiento» importante que bien puede, en algún momento, hacer cambiar el rumbo de una opinión presidencial. Es bastante probable que Alicia Arango ejerza en alguna medida esta facultad, pero es posible también que el presidente no le haga caso, como no le para bolas a casi nadie.

Lo que sí es evidente es que ella mantiene una relación maternal y sobreprotectora con el presidente, de quien sostiene es un hombre providencial y único. Siempre está pendiente de que esté bien puesto, de que la camisa no esté sucia, de que no salga desarreglado, de que cuando están fuera de Bogotá y al presidente le da por salir a trotar salga bien vestidito y no siempre con los mismos tenis. Es, sin duda, una mujer apasionada, directa, que sobresale por su carácter y que ciertamente despierta las más diversas envidias entre la corte.

José Obdulio

Otro nombre que siempre está en el primer anillo de poder es el de José Obdulio Gaviria, un amigo paisa que ha llegado al uribismo proveniente de la izquierda y quien desde los tiempos de la Gobernación acompaña a Álvaro Uribe. Militante de Firmes y proveniente de una familia de clase media paisa, José Obdulio representa esa franja de izquierda que apoyó a Álvaro Uribe desde los años noventa, cuando lanzó su candidatura al Senado, la cual contó con la presencia de Gerardo Molina. A partir de ahí, Uribe gestó una relación muy cercana con algunos miembros de la izquierda antioqueña, en especial militantes del EPL perseguidos por las FARC.

Hasta hace poco, el presidente mantuvo una relación muy cercana con Carlos Gaviria, el ex magistrado y actual senador por el Frente Social y Político, quien fuera su profesor de derecho en la Universidad de Antioquia. Eran tan cercanos que Uribe llamó a Gaviria para que fuera testigo en su ceremonia de posesión en la Gobernación de Antioquia.

Hoy es evidente que la relación entre los dos es cada vez más lejana. La última vez que se vieron fue a raíz de una invitación a Palacio hecha por el mismo Uribe para que discutieran frente a frente con Fernando Londoño, entonces fulgurante ministro del Interior y de Justicia. La reunión transcurrió sin inconvenientes, sin que nadie, ni Gaviria ni Londoño, se moviera de su posición. El senador de izquierda lo había increpado públicamente porque consideraba inapropiado que todo un ministro de Justicia tuviera la ligereza de atreverse a denunciar a un juez de la República sin pruebas, acusándolo de proferir sentencias en beneficio del narcotráfico. El ministro escuchó la diatriba sin inmutarse. La reunión no pasó de ser un ejercicio inoficioso de poca monta.

A lo mejor perdura más la amistad entre Uribe y Jaime Jaramillo Panesso, otro hombre de Firmes en Antioquia y quien durante la Gobernación fue miembro de la Comisión de Paz, propiciada por el propio Uribe.

Hoy José Obdulio mantiene con el presidente un diálogo intelectual bastante fluido y junto con Fabio Echeverri han sido los impulsores de la tesis de la reelección, aunque sin duda este último tiene una oficina más pispa que la lúgubre y gris de José Obdulio. Desde su escritorio se ha escrito la justificación del proyecto del polémico acto legislativo que propone la reelección del presidente Uribe. Desde su escritorio también se han escrito muchos discursos que el presidente generalmente no lee, pero que le sirven para fundamentar sus mensajes, sus *sound bites*.

De todos sus asesores, es quien tiene los pies mejor puestos sobre la tierra, motivo por el cual es probable que sea el más perjudicado en el momento en que las encuestas, en lugar de subir, empiecen a bajar. José Obdulio fue el mayor crítico que tuvo Fernando Londoño en Palacio. Su enfrentamiento llevó a que en un momento dado el propio ministro pidiera su cabeza, pero Uribe no se la concedió. Mantiene un buen contacto con los medios, con los columnistas y con el «afuera», lo que le permite tener una visión menos cerrada y más tolerante frente a las ocasionales críticas que se le hacen al presidente, las cuales no siempre son bien recibidas por todos los miembros de Palacio. Muy pocos le dicen al presidente «Álvaro». José Obdulio es uno de ellos.

Jaime Bermúdez

Inevitable no preguntarse qué puede hacer Jaime Bermúdez, su callado y reservado asesor de comunicaciones, en un gobierno presidido por un presidente que, además de ser un trabajador incansable, actúa como si fuera su propio asesor de comunicaciones. Su trabajo no debe ser fácil, porque Uribe es un político con un gran sentido mediático que sabe moverse como pez en el agua entre el mundo de las cámaras, de los flashes y que además ha aprendido a hablar a punta de lo que los gringos denominan «bullets» o «sound bites», es decir, de frases contundentes que resumen en pocas palabras sus mensajes. Bermúdez es callado, atento, pero amante del sigilo y de las estrategias a puerta cerrada, las mismas que Uribe pocas veces endosa; ha estado más cerca del mundo académico que del poder y ésta es la primera vez que lo conoce por dentro.

No le gustan las filtraciones, las cuales ha tratado de impedir sin mucho éxito por aquello de que éstas son tan inherentes al poder como la codicia a Rico McPato. Sin embargo —lo que es el espejismo del poder—, Bermúdez goza de una reputación mucho más atrevida entre los políticos ávidos de buscar responsables cada vez que una filtración de Palacio llega a las páginas de los periódicos y de las revistas, sobre todo si se trata de una filtración de esas que los deja mal parados.

En los mentideros políticos casi todo el mundo le atribuye a Bermúdez una habilidad felina para subirse a los tejados en las noches oscuras y filtrar informaciones a los medios desde la cornisa de la casa de Nariño. A lo mejor esa sea realmente su labor: la de servir de señuelo para que los políticos crean que el que filtra, que el que hace *spinning* es él, mientras que los verdaderos protagonistas deslizan las informaciones hacia los medios desde la trastienda. Bermúdez es un asesor demasiado cauto para la audacia mediática que ha demostrado tener un presidente como Uribe.

Su primer encuentro con el presidente ocurrió durante su estadía en la Universidad de Oxford. Allí cayó seducido por Uribe, por sus planteamientos, por su forma de ser. Cuando volvió a Bogotá, después de hacer su PHD en opinión pública, supo que Uribe pensaba lanzarse. Se buscaron mutuamente hasta que se encontraron. Es el más nuevo de la cuadrilla, junto con el periodista Ricardo Galán, jefe de Prensa de Palacio y un veterano periodista curtido en varias lides.

Galán

Galán ha sido el artífice de toda la parafernalia que le ha permitido a ese Uribe mediático mantenerse vigente en las pantallas de los colombianos, en los noticieros, en el canal institucional durante los interminables consejos comunales, en las paradas militares, en los foros ante los empresarios o en sus rocambolescas aventuras mediáticas; esas de las que suele salir bien parado en las encuestas a pesar de que en realidad se trate de estruendosos fracasos, como sucedió con el fallido intento de rescate del gobernador de Antioquia y de Gilberto Echeverry, secuestrados ambos por las FARC, o como sucedió en la masacre de Cajamarca, cuando una familia de campesinos resultó baleada por el Ejército en una confusa operación de contraguerrilla.

A diferencia de Bermúdez, Galán prefiere esas salidas aventuradas que convierten al presidente en entrevistador, mezcla de inspector Gadget y de jefe pluma blanca.

Aunque mantiene un perfil demasiado bajo para ser secretario general, Alberto Velásquez tiene a su cargo el manejo de la administración de cerca de cien empleados que trabajan en Palacio. También es la vía de enganche con los congresistas y el encargado de ponerle orden a la bancada uribista. De los miembros de la Corte, Alberto Velásquez, mejor conocido como El Mariachi, es el que menos influencia tiene. Sin embargo, hay que reconocerle que ha logrado sobrevivir hasta ahora a las intrigas de la corte.

Fabio Echeverri

No podría cerrar este círculo una persona distinta a la ___ura patriarcal y controvertida de Fabio Echeverri. So-___ este asesor se han tejido varias fábulas, muchas de ___ciertas. Para unos, él es un «auténtico virrey», due-___ una mano poderosa que bien habría podido estar ___ la salida de varios ministros y viceministros ___fael Nieto, quien cayó en desgracia desde que se ___ientemente al tema de la ley de alternatividad. ___ondoño todavía le guarda inquina a este toro ___s sin duda Fabio Echeverri, lo mismo que ___ Moreno, otro toro de lidia. Esas mismas voces ___, sin que hasta ahora haya podido probarse, que, ___ferencia de otros colaboradores, Fabio Echeverri tiene agenda propia porque mantiene vigentes sus intereses como empresario, desde su cómoda oficina de Palacio, la cual ha venido cambiando hasta hacerse a la más grande y luminosa.

Él sostiene en cambio que su influencia no es tan grande como aseguran sus enemigos y que él no es más que un contratista de Palacio, traído por el PNUD por una cifra irrisoria de dos millones de pesos. Insiste en decir que no va mucho a Palacio —eso es cierto— y que cuando lo hace suele dejarle al presidente unos papelitos con sus opiniones sobre temas específicos. De hecho, muchos de estos memos pasan sin merecer la atención del presidente, aunque no falta siempre uno que le haga prender el bombillo.

El presidente Uribe Vélez mantiene con él una relación patriarcal como si Fabio Echeverri fuera el páter familias de su cuadrilla, estatus que lo hace, a ojos de muchos uribistas, uno de los personajes intocables de la corte.

Sin duda es un hombre con vuelo propio y al que Uribe le permite ciertos excesos. «Hubiera podido decir lo mismo pero no de esa forma», dicen que fue la reacción que tuvo el presidente cuando leyó la explosiva entrevista que le dio a Yamid Amat; aquella en que se fue lanza en ristre contra todos los próceres de la Independencia y contra los últimos ex presidentes, llevando a cuestas la tesis de que la historia de Colombia se dividía en dos: antes y después de Uribe.

Al inicio de la campaña por la reelección, por ejemplo, motu proprio se fue a donde los congresistas a convencerlos de que votaran la reelección inmediata, llevando como argumento una encuesta hecha en Palacio. De los resultados de esta medición se deducía que los congresistas que no estuvieran a favor de la reelección de Uribe podrían ser castigados por su electorado. Nadie le recriminó a Fabio Echeverri el que ese tipo de visitas pudieran ser vistas como una presión indebida del Gobierno a los congresistas titubeantes. «Que venga el asesor más influyente de Palacio a decirle que si no vota por Uribe puede perder la curul deja pensando a cualquiera», me admitió uno de esos congresistas.

Aunque no lo acepta, es suya también la teoría de que la mejor manera de adelantar la campaña por la reelección ante la opinión pública es poniendo de *sparring* a los dos ex presidentes más débiles en las encuestas de opinión: el expresidente Samper y el ex presidente Pastrana. Del segundo, Echeverri no es muy cercano porque en el fondo el ex presidente de la ANDI ha sido un liberal oficialista muy cercano a Serpa y a Samper. Tanto, que en los momentos más difíciles de ese gobierno Echeverri fue uno de los defensores más acérrimos del ex presidente bogotano, en el momento en que el proceso 8.000 y el escándalo de los narcocasetes estaba en su pico más álgido. Muchas fueron las noches en que llegaba a Palacio a tomarse unos whiskies con el presidente y sus asesores. Por eso no deja de ser un tanto sorprendente que ahora que funge de uribista se haya convertido en el crítico más tenaz de Samper y de su gobierno.

No trabaja en Palacio, pero es evidente que ejerce una influencia importante sobre Uribe. Se trata de Santiago Montegro, su jefe nacional de Planeación, un inmenso pastuso de 48 años, quien llegó al uribismo procedente de las toldas de Noemí Sanín. No se conocían, pero el presidente había oído hablar de él desde que estaba en la campaña. Hoy entre los dos ha florecido una relación de respeto que los ha vuelto muy cercanos. «Montenegro es la única persona allegada al presidente que conoce de políticas públicas», me advirtió una voz que lo que me quería decir era que los demás, si bien son uribistas a toda prueba, no son personas lo suficientemente preparadas en los temas que tienen que ver con el manejo del Estado.

Resulta curioso que Uribe, a pesar de ser un presidente que se ocupa por mandar, por liderar, no sea de los que se metan a dirimir disputas entre sus subalternos. Prefiere dejar que las rencillas se vayan lubricando con el día a día, como si las dinámicas entre contrarios fueran el mejor desafío para aumentar la capacidad de gestión de sus subalternos. En el Ministerio de Defensa nunca entró a mediar entre la ministra de Defensa, Marta Lucía Ramírez, y el general Mora, dos agrios antagonistas que nunca terminaron aviniéndose. Y cuando le pidió la renuncia a la ministra, por temor a dar la impresión de que uno de los dos bandos había triunfado, decidió sacar al poco tiempo al general Mora del Ministerio. «Uribe no daría ese mensaje a sus subalternos», me dice alguien, como para que quede claro que a él no le gusta tomar partido en estas disputas cortesanas.

Algo parecido sucede con sus colaboradores más cercanos en Palacio.

No dirime las disputas palaciegas que hay entre los diversos individuos o entre los diferentes grupos. Bien es sabido que entre Alicia Arango y Alberto Velásquez existe una relación tirante, pero el presidente prefiere no meterse en ese asunto para no inclinar la balanza más hacia un lado que al otro. Varias veces Alberto Velásquez ha estado «renunciado», pero siempre el presidente llega a última hora y lo salva.

Es cierto que en el poder las miradas pendencieras y las intrigas son tan corrientes como el pan de cada día. Lo grave es cuando estas rencillas afectan el desarrollo de las políticas o de los proyectos. «Yo te aseguro —me dijo una voz interna de Palacio— que si hubiéramos estado más sintonizados, menos divididos en la campaña para el referendo, esa la habríamos ganado… Ojalá con la reelección no nos pase lo mismo».

«Las consentidas»

Este es el apelativo cariñoso con que el presidente distingue a las representantes Nancy Patricia Gutiérrez, Gina Parody, Sandra Ceballos y Claudia Blum, mejor conocidas como «Las Ángeles de Charlie» del uribismo. Siempre bien puestas, bien maquilladas, intrépidas y audaces, estas uribistas suelen ser requeridas con frecuencia por el mandatario para que lo acompañen a pasar el día entero en Palacio y sigan con él los avatares del poder. Que hay reunión del Conpes, pues que entren. Que hay reunión con los alcaldes del nororiente antioqueño, que vengan a oír. Que hay crisis en el Meta, pues a padecerla. Al presidente le gusta que lo vean en esos escenarios; le gusta ser mirado o, mejor, admirado, sobre todo cuando quienes lo ven son ojos uribistas, comprometidos con su causa.

Cerca de «las consentidas» estarían «los consentidos», entre quienes están los senadores Óscar Iván Zuloaga, rotundo uribista a pesar de que posa de independiente, y Armando Benedetti, otro miembro de la artillería uribista, con buenos entronques en la oficina de Fabio Echeverri. Ellos también entran a Palacio como Pedro por su casa, al igual que lo hacen Mario Uribe, su primo senador, y William Vélez, su compañero de antaño. Los dos conforman el grupo antioqueño con el que Uribe mantiene relaciones siempre muy estrechas. Van a la oficina de Josefo, para informarse de los últimos acontecimientos; entran a la de Fabio Echeverri a comentar la noticia del día, el evento importante; escuchan lo que hay que escuchar mientras ellos cuentan lo que se dice en los corrillos del Congreso, en las salas de redacción y en las tertulias de los periodistas.

Como sucede en las cortes, entre «los consentidos» y «las consentidas» hay una distancia prudente, marcada por rencillas, celos y envidias, que evocan sin mayor dificultad el ambiente de las intrigas palaciegas. Entre las representantes Sandra Ceballos y Gina Parody no hay mucha química —escasamente se tratan, me dicen—, como tampoco la hay entre el representante Armando Benedetti y esta última. Tampoco hay mucho entendimiento entre Armando Benedetti y Óscar Iván Zuloaga, aunque bien es cierto que la pelea entre hombres, hay que aceptarlo, es más llevadera, menos tediosa que las agrias trifulcas entre mujeres.

No obstante, a pesar de sus diferencias y de una falta de química que les impide actuar como un equipo, todos tienen un sello en común: son los pura sangre del uribismo y, por ello, siempre están en la movida: fueron la retaguardia del referendo y ahora lo son de la reelección; aunque sigan peleando y aunque las intrigas los sigan carcomiendo son ante todo soldados uribistas prestos a estar siempre al frente de la batalla y no se ponen bravos si su fidelidad resulta bien retribuida.

Mal que bien, estos pura sangre se han ido convirtiendo en fuente importante de los periodistas quienes, ávidos de información, recurren a sus celulares para saber lo que sucede en Palacio. Son los *spin doctors* del poder, prestos a difundir el mensaje de acuerdo con el receptor en el momento indicado. Lástima, eso sí, que por no actuar como un equipo compacto, con frecuencia sus informaciones sean tan contradictorias que a veces resulten confundiendo más a los medios que aclarando las situaciones.

Cuando el referendo, unos estaban a favor de las firmas y otros no. Cuando se inició el tema de la reelección unos estaban a favor de la creación de un partido y otros preferían lanzarse al agua a sacar el tema de la reelección. Unos estuvieron de acuerdo en votar en contra del proyecto que permite a los congresistas ser embajadores o ministros. Y otros votaron a favor.

A lo mejor, la culpa de que se den estas señales contrarias no es tampoco de los pura sangre, que sólo cumplen órdenes emanadas de Palacio; órdenes que también adolecen de ser penosamente contradictorias la mayoría de las veces. En teoría, el responsable de esta situación debería ser Alberto Velásquez, el secretario general y encargado de manejar las relaciones con el Congreso y la bancada uribista. Sin embargo, la realidad es que el margen de maniobra que tiene el secretario general es también precario dada la evidente presencia que en este campo tiene el presidente. «El problema de Velásquez es que el presidente hace mejor su trabajo» dicen en Palacio los que conocen la forma como funcionan las cosas en este gobierno. La verdad es que el presidente llama personalmente a los congresistas miembros de su bancada con una frecuencia que desbanca a la de cualquier secretario general, por acucioso que sea.

Vargas Lleras y Pardo Rueda

Más alejados están los uribistas de clase B, considerados uribistas pero no propiamente pertenecientes a los pura sangre. Ellos, a diferencia de los pura sangre, no van a Palacio sino cuando los llaman a consulta y se les requiere sólo para poner los puntos sobre las íes alrededor de un proyecto específico. En la primera fila de estos uribistas estaría Rafael Pardo quien, por no estar de acuerdo con algunos de los proyectos propuestos por Uribe, como el de la ley de alternatividad, no forma parte de los pura sangre. Los rifirrafes lo han ido alejando de la corte de Palacio, convirtiéndolo en un uribista de estirpe extraña. En realidad Pardo, más que uribista, es gavirista.

Vendrían luego los uribistas que mezclan su devoción por Uribe con sus insatisfechas ansias burocráticas. Ese grupo lo comanda el flamante senador Germán Vargas Lleras, fumador empedernido y delfín de una de las castas políticas liberales más influyentes en los últimos decenios, quien además de ser nieto del ex presidente Carlos Lleras tiene aspiraciones presidenciales y un temple avasallador que combina hábilmente con una debilidad por los puestos burocráticos.

A pesar de su linaje, Vargas Lleras no parece convencer de a mucho al presidente Uribe. Sus desavenencias no son precisamente producto de diferencias ideológicas, por el contrario, en ese terreno son muy afines, aunque muchos sitúen a Vargas Lleras a la derecha del propio Uribe. Ocurre que entre los dos se ha atravesado como una mula muerta: el asunto de las cuotas burocráticas, de las cuotas de poder. Por ello, de existir una relación más o menos fluida con el mandatario, Vargas Lleras ha pasado a tenerla más agitada y tempestuosa. En alguna ocasión, incluso, han terminado a gritos por el teléfono.

En Palacio dicen que lo que molesta no es la llamadera a pedir puestos —eso creo que lo hacen casi todos los políticos— sino el tono imperial con que Vargas Lleras los exige. Tanto es así que ya en una ocasión, en frente de todo el Congreso, el presidente señaló a uno de sus representantes a la Cámara de «clientelista perfumado de cuello blanco», duro calificativo que tuvo como corolario un repunte significativo en las encuestas, como si Uribe le hubiese dado una merecida tunda a la politiquería. Desde entonces sus relaciones se han visto seriamente alteradas y, aunque andan, no han dejado de estar atravesadas por un corto circuito. Su estilo no le acaba de gustar al presidente quien prefiere ser generoso con congresistas de más bajo perfil, pero acaso más dóciles de manejar como el senador Óscar Iván Zuloaga.

En realidad Vargas Lleras más que uribista es vargasllerista y aunque de dientes para afuera está a favor de la reelección, en los pasillos del Congreso, allí donde los rumores y chismes suelen tener siempre algo de verdad, se dice que sus huestes en la Cámara tuvieron en algún momento la orden de votarla en contra.

Es probable que desde que el tema de la reelección secuestró la agenda del Gobierno, a Uribe le quede cada vez más difícil mostrarse como un presidente que «cambió la forma de hacer política en el Congreso» como reza un juicioso artículo escrito por el profesor Fernando Cepeda para el influyente Foro Interamericano en el que se señala como uno de los éxitos más relevantes de este gobierno el hecho de que no ha recurrido a la práctica tradicional de dar favores burocráticos a cambio del apoyo a sus proyectos en el Congreso. «Aunque hay versiones según las cuales habría casos de intercambio de votos por puestos, es evidente que este gobierno ha conseguido, al menos en sus dos primeros años, sacar adelante su agenda legislativa sin necesidad de otorgar dádivas burocráticas» escribe el profesor.

Desde que la reelección entró a formar parte de la agenda legislativa del Gobierno es factible que el escenario empiece a ser otro. Aunque las encuestas aún no se lo cobren, es evidente que el presidente ha dejado ver un estilo muy propio a la hora de apalancar a los congresistas. «A él le gusta negociar al detal, no en bloque —como lo dijo un político curtido que lo conoce muy bien—. Dice que le sale menos caro, más barato». Probablemente eso explique esa estrategia dispendiosa que ha desarrollado en el Congreso para darles oxígeno a los congresistas desde que se lanzó a buscar su reelección. Primero los llama a todos; luego los invita a Palacio y después les envía mensajes con amigos comunes para que se pasen por la oficina de Velásquez a fin de que le informen al secretario general «cuáles son las necesidades de sus regiones».

En esa misma camada también podrían ir Luis Guillermo Vélez, José Renán Trujillo y José Name Terán, uribistas que aspiran a que sus beneficios burocráticos estén de acuerdo con su grado de fidelidad. Para esta clase de uribistas es inconcebible que exista una política de puestos que favorezca a los que menos han trabajado por Uribe, polémica que se ha ido agudizando desde que el presidente abrió la posibilidad de negociar un «acuerdo político con el Partido Conservador. «Nosotros nos la jugamos en el Congreso por el presidente y resulta que los puestos y los contratos van a parar en las manos de los conservadores o de los peñalosistas cuyo jefe, el doctor Peñalosa, ni apoyó a Uribe en la campaña por el referendo ni en la de la reelección», opina una voz autorizada perteneciente a este golpeado estrato del uribismo. Quién quita que termine siendo cierto lo que el ex presidente Samper siempre dice del mandatario en el sentido de que «Uribe es generoso con sus contradictores políticos pero displicente con sus amigos».

Doña Lina

«La paradoja de Karl Poper: Si somos absolutamente tolerantes, incluso con los intolerantes, y no defendemos la sociedad del tolerante contra sus asaltos, los tolerantes serán aniquilados y junto con ellos la tolerancia».

Esta es una de las frases que tiene Lina Moreno en su despacho presidencial. Ese que ella insiste en no llamar «el despacho de la primera dama», sino «el despacho de Lina Moreno».

A diferencia de los demás colaboradores, fieles pero incapaces de confrontar al presidente, Lina Moreno, su esposa, una mujer pequeña y de fina humanidad, es en cambio la conciencia crítica del presidente, además de ser la madre de Tomás y Jerónimo, sus dos adolescentes hijos.

Como buena filósofa, Lina es una mujer intelectualmente fuerte, de convicciones acendradas, que a diferencia de su marido no las ha cambiado con el paso del tiempo. No es que no le guste la política, es que la mira desde un ángulo distinto al de su marido, como si ella fuera su yin y él el yang.

No estuvo de acuerdo con las cooperativas de seguridad Convivir cuando su marido decidió aplicarlas con todo el rigor siendo gobernador de Antioquia, pero lo acompañó hasta el final, a pesar de que no fue fácil procesar ni las contradicciones ni el hecho de que «Uribe» —así lo llama, por el apellido, como le dice Ana Milena a Gaviria— hacía caso omiso de sus puntos de vista. También tuvo reparos cuando supo que iba a ser oferente en un banquete de desagravio de dos generales, uno de ellos el controvertido general Rito Alejo del Río. Fue tan dura su experiencia en la Gobernación de Antioquia que Lina perdió peso y casi se queda en sus huesos.

Sin embargo, con el paso del tiempo, es probable que haya aprendido a digerir estas contradicciones —ella hace tai-chi, mientras su marido practica el chikún— gracias a la veteranía que trae la madurez. Ahora simplemente expresa su opinión cada vez que no está de acuerdo con alguna actitud de su marido, como lo hizo cuando salió a fustigar a unas cuantas ONG y decidió meter en el mismo saco el estudio sobre desarrollo humano que acababa de terminar la ONU. El día que se iba a presentar el polémico trabajo ella se hizo presente, a sabiendas de que el presidente había cancelado su presentación en el recinto. No se sentó, claro, en la tarima sino que se ubicó en la platea, en un asiento cualquiera. «No vengo en representación de nadie» les dijo a los anfitriones.

Ella no va a misa y él suele hacerlo cada domingo; ella fuma como una chimenea y a él no le gusta que nadie, ni siquiera Lina, fume enfrente de él. Él no se pone bluejeans y a ella le gusta andar de mochila, como si fuera una estudiante de la Nacional, aunque a veces se la vea con ropa de marca. Ella ha pelechado toda su vida contra ese mito de la «familia paisa», tan machista y tan dada a las mujeres sumisas, y él la reivindica por el país con su manera de hablar, con su vestimenta tradicional y con sus prédicas.

Fue crítica desde un comienzo de la ley de alternatividad y mantiene una estrecha relación con las ONG del Magdalena Medio, especialmente con la que maneja el padre Francisco de Roux, por lo que su despacho recibe muchas veces denuncias de atropellos que los paramilitares registran en Barranca, los cuales recibe y trasmite a su marido.

A lo mejor los dos tienen el secreto de Plutarco —autor de *Vidas paralelas*— y nos pueden dar la receta que les permite vivir en dos mundos compartiendo una vida. De todas formas, es factible que por esto del yin y del yang ocurran en la Casa de Nariño, simultáneamente dos escenarios contradictorios, y que mientras el presidente sesiona con sus ministros, con sus viceministros, con sus asesores, «Doña Lina» a esas mismas horas tenga a toda la plana de la ONU —incluido Michael Frulling— y a unas cuantas ONG invitadas en su despacho. Es tan perfecta a veces esta continua contradicción que varias voces han comenzado a insistir en que esa dicotomía hace parte del libreto y del mensaje mediático que se quiere dar. Un hombre tolerante que es capaz de compartir su vida con una disidente.

¿Cómo se explica entonces que una mujer como Lina Moreno esté al lado de un hombre como Álvaro Uribe? es la pregunta que muchos le hacen. Dicen que su respuesta siempre es la misma: lo sorprendente, asegura, no es que ella esté al lado de él sino que en ese cerebro tan ordenado, tan profundamente planificado, quepa una mujer tan difícil de encasillar como ella.

Es probable que esta fuerza inusitada, que se le siente a esta mujer pequeña, delgada, frágil, provenga del hecho de que ella no se resigna a terminar devorada por la inercia fatua del poder y sus banalidades. Insiste en ir cada sábado a matiné, mientras su marido preside uno de sus agotadores consejos comunales.

Una mujer así difícilmente cree en las fábulas que hablan de reinos donde los sapos se convierten en príncipes; ella es de las que saben que en ese Palacio los sapos y los lagartos, infortunadamente, no se convierten en príncipes por más de que uno les dé un beso.

Le molesta que los medios se metan con sus hijos y que no los llamen a preguntar si son ciertas las mentiras que se han publicado sobre ellos. Le molesta no poder educarlos como niños normales y corrientes. Y, sin embargo, ahí donde la ven, es una mujer de un humor fino, recurrente, que a veces suele sacar a flote cuando su timidez se lo permite.

Difícil que una mujer así sea partidaria de quedarse un tiempo más en esa lúgubre casa presidencial, según ella, tan desapacible como desangelada. Algún día fortuito, un político extraviado, al no encontrar la salida del Palacio de Nariño, se la topó, así de sopetón: «Mire a ver si se pierde —le dijo con cierta ironía—. En esta casa es fácil entrar, pero si uno se descuida se pierde al salir».

5
La nomenklatura

PRIMER ANILLO DE PODER. Es obvio. Quienes integran el primer anillo de poder son los que gozan de fácil acceso al presidente, entran sin tocar la puerta al despacho presidencial y de cuando en vez terminan invitados a almorzar en la casa presidencial, en la mesa que está acondicionada para ese efecto en la cocina. Gozan de los privilegios del conmutador de Palacio, es decir, pueden ser buscados y encontrados a la mayor brevedad aunque estén debajo de la tierra. Son, sin duda, los asesores más cercanos y, si se quiere, los más obsecuentes.

LOS YUPPIES DE LA CORTE son un grupo de uribistas de gran exposición en Palacio. Para su cargo, tienen un acceso al presidente inusitado y la particularidad de que todos tienden a parecerse a Uribe. Hablan como él, gesticulan como él y cuando enuncian los postulados del uribismo recurren a las cifras y a los datos con la misma devoción con que lo hace el presidente. Son los pupilos de Uribe, sus herederos.

LOS PURA SANGRE tienen para Uribe un significado sentimental importante. Son su gente, su combo en el Congreso, pero, curiosamente, Uribe no les para muchas bolas. Muchos de ellos son los encargados de "hacer los mandados" de Palacio, los que generalmente van dirigidos a contrarrestar la información negativa que sale en los medios. Son los soldados del uribismo.

LOS URIBISTAS DE CLASE B, en cambio, reciben un tratamiento distinto en Palacio. No pueden entrar sin tocar la puerta del despacho del presidente, van a Palacio sólo cuando los cita el presidente o El Mariachi, apelativo cariñoso con que se conoce al secretario general, Alberto Velásquez. Son difíciles de manejar; no están siempre de acuerdo con los postulados uribistas y, lo que es peor, a veces se atreven a controvertirlos públicamente. Son camorreros e incitan a la continua rebelión de la plebe. No son precisamente los más beneficiados burocráticamente.

LOS NEOURIBISTAS representan el estatus más complejo del uribismo. Casi no hablan con el presidente aunque algunos de ellos sean visitantes de Palacio. Son los más descastados del uribismo porque se han acercado a éste no precisamente motivados por su convicción sino por su irrefrendable devoción por los platos de lentejas y por las encuestas.

La información obtenida para la «Nomenklatura» proviene directamente de los funcionarios y políticos que hacen parte de ella. Cuando no han sido ellos los que han suministrado la información lo han hecho asesores de su despacho. La autora se ha permitido en algunos casos hacer anotaciones al margen.

Primer anillo de poder

José Roberto Arango
Lugar de nacimiento: Medellín, Antioquia
Edad: 51 años
Profesión: Economista Universidad Javeriana
Máster en educación pública Universidad de Harvard
Cargo actual: Alto Consejero Presidencial
Cargo anterior: Secretario Hacienda Alcaldía de Álvaro Uribe
Suplente en el Senado de Mario Uribe
Perfil político: Liberal uribista

Alicia Arango
Lugar de nacimiento: Cartagena, Bolívar
Edad: 45 años
Profesión: Administradora de Empresas Universidad CESA
Cargo actual: Secretaria privada Presidencia de la República
Cargo anterior: Asistente campaña presidencial Álvaro Uribe

Directora Instituto Distrital de Recreación y Deporte,
IDRD, en la Alcaldía de Enrique Peñalosa
Perfil político: Liberal uribista

FABIO ECHEVERRI
Lugar de nacimiento: Medellín, Antioquia
Edad: 71 años
Profesión: Economista
Cargo actual: Asesor presidente Álvaro Uribe
Cargo anterior: Presidente nacional Asociación Nacional de Industriales, ANDI
Perfil político: Liberal

JOSÉ OBDULIO GAVIRIA
Lugar de nacimiento: La Ceja, Antioquia
Edad: 52 años
Profesión: Abogado
Cargo actual: Asesor presidente
Cargo anterior: Profesor Universidad Autónoma Latinoamericana, Universidad Pontificia Bolivariana, UPB, director programa Viva la Historia del Instituto Tecnológico Metropolitano de Medellín ITM
Perfil político: Director Instituto de Estudios Liberales de Antioquia. Liberal oficial

ALBERTO VELÁSQUEZ
Lugar de nacimiento: Salamina, Caldas
Edad: 54 años
Profesión: Administrador de empresas, Máster en Business Administration Universidad de California

Cargo actual: Secretario general de la Presidencia de la República. Director del Departamento Administrativo de la Presidencia de la República
Cargo anterior: Presidente de la petrolera Heritage
Perfil político: No tiene partido

JAIME BERMÚDEZ
Lugar de nacimiento: Bogotá
Edad: 37 años
Estudios: Derecho Universidad de los Andes
  PHD Opinión pública Universidad de Oxford
Cargo actual: Asesor presidencial comunicaciones
Cargo anterior: Dattis Comunicaciones (socio)
Partido político: No tiene

RICARDO GALÁN
Lugar de nacimiento: Bogotá
Edad: 43 años
Profesión: Periodista
Cargo actual: Secretario de Prensa de la Presidencia de la República
Cargo anterior: Jefe de comunicaciones campaña presidencial de Álvaro Uribe. Subdirector noticiero CM&
Perfil político: Sin orientación política

CAMILO OSPINA
Lugar de nacimiento: Bogotá
Edad: 42 años
Profesión: Abogado Colegio Mayor de Nuestra Señora del Rosario 1977-1981

Especialización en Derecho Administrativo Colegio
Mayor de Nuestra Señora del Rosario 1990
Cargo actual: Secretario Jurídico Presidencia de la Re-
pública
Cargo anterior: Dirección de Impuestos Nacionales
Asesor Administrador de Bogotá 1982-1983
Jefe Sección Investigaciones 1983-1984
Superintendencia de Control de Cambios
Asesor Superintendente 1984
Jefe Sección Importaciones y Exportaciones 1985
Jefe División de Estudios Especiales 1986
Fondo de Promoción de Exportaciones Proexpo
Subjefe Oficina Jurídica 1986-1987
Ejercicio profesional independiente 1988-1991
Colegio Mayor de Nuestra Señora del Rosario
Investigador 1989
Vicedecano Facultad de Derecho 1990-1991
Ministerio de Hacienda y Crédito Público
Asesor jurídico Dirección General de Presupuesto
1991-1992
Organización de las Naciones Unidas
Programa de las Naciones Unidas para el Desarrollo,
consultor, septiembre de 1994-agosto de 1995
Socio de Bejarano Cárdenas y Ospina Asociados Ltda.
desde 1994
Perfil político: Se negó a suministrarlo

SANTIAGO MONTENEGRO
Lugar de nacimiento: Pasto, Nariño
Edad: 49 años
Profesión: Economía Universidad de los Andes 1979

Magíster en Economía Universidad de los Andes
Master of Science in Economics London School of Economics
PHD en Economía University of Oxford
Cargo actual: Director Departamento Nacional de Planeación
Cargo anterior: Presidente de la Asociación Nacional de Instituciones Financieras, ANIF
Perfil político: Sin partido político. Asesor para temas económicos de la campaña presidencial Sí Colombia de Noemí Sanín

Segundo anillo o los yuppies del poder

CAROLINA RENTERÍA, la de "los milagritos"
Lugar de nacimiento: Bogotá
Edad: 37 años
Profesión: Economista Universidad de los Andes
Candidata a doctorado de New York University
Maestría Universidad de los Andes en Economía
Maestría en Administración Pública de New York University
Cargo actual: Jefe de Presupuesto del Ministerio de Hacienda
Cargo anterior: Asesora del ministro de Hacienda Juan Manuel Santos en la Presidencia de Andrés Pastrana
Perfil político: Sin partido

LUIS ALFONSO HOYOS, el heredero
Lugar de nacimiento: Bogotá, Oriundo de Pensilvania, Caldas

Edad: 38 años

Profesión: Abogado

Estudios: Derecho Universidad del Rosario 1986

Especialización en ciencias políticas Universidad de París 1987

Magíster en Administración de Empresas Universidad de los Andes

Cargo actual: Alto Consejero para la Acción Social

Cargos anteriores:

Concejal y presidente del Concejo Municipal de Pensilvania, entre 1988 y 1991

Representante a la Cámara por el departamento de Caldas durante el período de 1990 a 1991

Senador en el período 1994-1998

Vicepresidente de la Comisión de Derechos Humanos del Senado 1994-1995

Miembro del Consejo Interparlamentario Mundial de la UIP de 1995 a 1998

Vicepresidente de la Comisión Segunda de Relaciones Internacionales, Comercio Exterior y Defensa Nacional del Senado de 1996 a 1997

De 1998 a 2000 se desempeñó como gerente del programa de desmarginalización de barrios de la Alcaldía Mayor de Bogotá.

Director Red de Solidaridad Social

Perfil político: De origen conservador

ANDRÉS ARIAS, el sabiondo

Lugar de nacimiento: Medellín, Antioquia

Edad: 31 años

Profesión: Economista Universidad de los Andes

Maestría en economía Universidad de los Andes

Doctorado en Economía Universidad de California, UCLA

Cargo actual: Viceministro de Agricultura y Desarrollo Rural

Cargo anterior:
 Director política macroeconómica del Ministerio de Hacienda

Investigador del Banco de la República y asesor de la gerencia técnica del banco

Perfil político: Conservador

JUAN RICARDO ORTEGA, el consentido

Lugar de nacimiento: Bogotá

Edad: 37 años

Profesión: Economista Universidad de los Andes

Máster en Desarrollo Internacional y Economía Universidad de Yale

Cargo actual: Viceministro de Comercio Exterior

Cargo anterior: Viceministro de Hacienda

Economista jefe del BBVA

Consejero económico y de la competitividad de la Presidencia de la República

Director del Departamento de Estudios Económicos de Planeación Nacional

Catedrático Universidad de los Andes

Perfil político: Demócrata Progresista Social con orígenes conservadores

ANY VÁSQUEZ, la jefe de los cirirís
Lugar de nacimiento: Medellín
Edad: 40 años
Profesión: Comunicadora social Universidad Pontificia
  Bolivariana, UPB
Máster en Comunicación para Instituciones Públicas y
  Políticas Universidad Complutense de Madrid
Cargo actual: Asesora presidencial para las regiones
Cargo anterior: Coordinadora campaña Álvaro Uribe en
  Antioquia
Jefe de prensa de Álvaro Uribe en la Gobernación de
  Antioquia
Subgerente operativa de Telemedellín
Perfil político: Uribista

Los pura sangre

ARMANDO BENEDETTI
Lugar de nacimiento: Barranquilla, Atlántico
Edad: 36 años
Profesión: Comunicador Social Universidad Javeriana
Cargo actual: Representante a la Cámara
Cargo anterior: Concejal de Bogotá
Perfil político: Liberal uribista
(Anotación de la autora: Aunque no lo dice fue serpista
  furibundo, antes de ser furibundo uribista. Se volteó
  desde que no lo nombraron en la Dirección Nacional
  Liberal)

GINA PARODY
Lugar de nacimiento: Bogotá

Edad: 30 años
Profesión: Abogada Universidad Javeriana
Cargo actual: Representante a la Cámara
Cargo anterior: Estudiante
Perfil político: Uribista

SANDRA CEBALLOS
Lugar de nacimiento: Bogotá
Edad: 40 años
Profesión: Abogada Universidad Javeriana, Magíster
    Derecho Internacional y Desarrollo Económico de
    Harvard
Cargo actual: Representante a la Cámara
Cargo anterior: Gerente campaña Primero Colombia del
    presidente Álvaro Uribe
Perfil político: Liberal uribista

NANCY PATRICIA GUTIÉRREZ CASTAÑEDA
Lugar de nacimiento: Girardot, Cundinamarca
Edad: 40 años
Profesión: Abogada Universidad del Rosario,
    especialización Derecho Administrativo Universidad
    del Rosario
Cargo actual: Representante a la Cámara
Cargo anterior: Representante a la Cámara
Perfil político: Partido Colombia Siempre, uribista.
(Aclaración de la autora: Se le olvidó poner que era una
    liberal, que se hizo en la política con Martha Catalina
    Daniels y que fue una de las consentidas de Andrés
    Pastrana, quien la hizo elegir como presidente de la
    Cámara)

WILLIAM VÉLEZ

Lugar de nacimiento: Envigado, Antioquia

Edad: 49 años

Profesión: Abogado Universidad Autónoma Latinoamericana

Cargo actual: Representante a la Cámara

Cargo anterior: Presidente Cámara de Representantes

Perfil político: Partido Colombia Democrática, uribista

(Anotación de la autora: Por un descuido se le olvidó decir que siempre perteneció al Partido Liberal y que se inició siendo concejal de Envigado, en el mismo movimiento político que llevó a Pablo Escobar a la Cámara, como se vio recientemente en los videos propiedad de la familia de Escobar)

Senadores

MARIO URIBE

Lugar de nacimiento: Andes, Antioquia

Edad: 54 años

Profesión: Abogado Universidad de Antioquia

Cargo actual: Senador

Cargos anteriores: Presidente del Senado
Representante a la Cámara

17 años de trabajo continuo como congresista

Perfil político: Partido Colombia Democrática

(Anotación de la autora: Se le olvidó decir que antes de la campaña de Uribe, militó siempre en el Partido Liberal en la corriente samperista y fue miembro de su dirección)

CLAUDIA BLUM
Lugar de nacimiento: Cali, Valle del Cauca
Edad: 49 años
Profesión: Sicóloga Universidad del Valle 1975
Magíster en Estudios Políticos Universidad Javeriana
  de Cali 1991
Cargo actual: Senadora
Cargo anterior: Senadora períodos 1991 (tercer renglón
  de Andrés Pastrana)-1994,1998-2002
Perfil político: Movimiento Cambio Radical, 67.782
  votos (41 en lista de votación)
(Anotación de la autora: De origen conservador. Inicial-
  mente fue gavirista. Posteriormente, apasionada
  pastranista)

ÓSCAR IVÁN ZULOAGA
Lugar de nacimiento: Pensilvania, Caldas
Edad: 44 años
Profesión: Economista
Maestría en Economía y Finanzas de la Universidad de
  Exeter, Inglaterra
Cargo actual: Senador
Cargo anterior: Presidente ejecutivo de Asesco
Alcalde de Pensilvania, Caldas
Perfil político: Independiente. Uribista del Nuevo Parti-
  do, 82.571 votos (19 lista de votos)
(Anotación de la autora: Uno de los más beneficiados
  por el gobierno en la burocracia)

Los uribistas clase B

RAFAEL PARDO RUEDA
Lugar de nacimiento: Bogotá
Edad: 50 años
Profesión: Economista de la Universidad de los Andes
Cargo actual: Senador
Cargo anterior: Director del noticiero CM&
Director de noticias RCN
Ministro de Defensa durante el gobierno de Gaviria
Alto comisionado para la paz en el gobierno de Barco
Director del PNR en el gobierno de Barco
Perfil político: Liberal gavirista

GERMÁN VARGAS LLERAS
Lugar de nacimiento: Bogotá
Edad: 42 años
Profesión: Abogado Universidad del Rosario
Cargo actual: Presidente del Senado
Cargo anterior: Tres períodos consecutivos como sena-
    dor. Concejal de Bogotá
Perfil político: Liberal uribista, Partido Colombia Siem-
    pre, 210.499 votos (9 lista de votos)
(Anotación de la autora: Ha militado siempre en el
    Partido Liberal. Era uno de los directivos de la campa-
    ña de Horacio Serpa hasta que se le volteó unos meses
    antes de las elecciones y se pasó al uribismo)

ANDRÉS GONZÁLEZ
Lugar de nacimiento: Bogotá
Edad: 49 años
Profesión: Abogado Universidad Externado de Colombia

Especialización en Derecho Público y Maestría en Cien-
cias Políticas y Relaciones Internacionales del Instituto
de Ciencia Política de París
Cargo actual: Senador
Cargo anterior: Gobernador de Cundinamarca
Ministro delegatario con funciones presidenciales
Ministro de Justicia
Viceministro de Gobierno
Viceministro de Relaciones Exteriores
Asesor de la Secretaría Jurídica de la Presidencia de la
República
Subsecretario general de la Presidencia de la República
en la administración del presidente César Gaviria
Perfil político: Liberal uribista, 67.317 votos
(Anotación de la autora: Viene de la cantera del turba-
yismo. Estuvo en la campaña con Horacio Serpa hasta
que perdió las elecciones. Cuando Serpa no lo incluyó
—dicen las malas lenguas— en la Dirección Liberal se
pasó al uribismo)

MAURICIO PIMIENTO
Lugar de nacimiento: Bucaramanga
Edad: 43 años
Profesión: Abogado Universidad Libre de Bogotá
Cargo actual: Senador elegido para el período 2002-2006,
hace parte de la Comisión Primera Constitucional
Permanente y miembro de la Comisión Asesora de
Relaciones Exteriores del Presidente de la República
Cargo anterior: Antes de incursionar en la actividad
política fue asesor de la Unidad para la Promoción de
la Democracia de la OEA en Washington. Igualmente,

consultor internacional del Banco Interamericano de
Desarrollo, BID, en Washington
Perfil político: Movimiento Sí Colombia, ahora Nuevo
Partido. Liberal uribista, 47.000 votos

Los neouribistas (los más relevantes)

LUIS GUILLERMO VÉLEZ
Lugar de nacimiento: Medellín, Antioquia
Edad: 61 años
Profesión: Economista y abogado Universidad Javeriana
Especialización en Técnica Bancaria Universidad de
Nueva York
Cargo actual: Senador desde 1992
Cargo anterior: Embajador en el Salvador, Noruega,
Finlandia y ministro plenipotenciario en la Embajada
en Washington, presidente del Partido Liberal
Colaborador del periódico *El Tiempo* y la revista *Semana*,
escritor de varios libros
Perfil político: Liberal oficial
(Anotación de la autora: Fue durante tres años presi-
dente del Partido Liberal con el apoyo de Horacio
Serpa. Hoy está con Uribe. De los neouribistas es el
que más frecuenta Palacio)

JOSÉ RENÁN TRUJILLO
Lugar de nacimiento: Cali, Valle del Cauca
Edad: 47 años
Profesión: Abogado Universidad de San Buenaventura
de Cali

Cargo actual: Senador

Cargo anterior: Gerente regional para el Valle del Cauca, Cauca y Nariño de la empresa Pronta

Perfil político: Liberal oficial

Actual estatus: neouribista

(Anotación de la autora: Se opuso a la reelección en noviembre de 2003. Después de que el Gobierno nombró a su hermano en una embajada...)

HABID MEREK

Lugar de nacimiento: Pereira

Edad: 42 años

Profesión: Economista Universidad de la Florida, Estados Unidos.

Cargo actual: Senador

Cargo anterior: Empresario de telecomunicaciones

Perfil político: Cofundador partido Colombia Viva. Liberal uribista, 63.000 votos.

VÍCTOR RENÁN BARCO

Lugar de nacimiento: Aguadas, Caldas

Edad: 77 años

Profesión: Abogado, realizó estudios en el London School of Economics

Cargo actual: Senador

Cargo anterior: Senador por 36 años

Perfil político: Liberal oficial en alianza con el conservador Ómar Yepes Alzate.

JOSÉ ANTONIO NAME TERÁN

Lugar de nacimiento: Sincelejo, Sucre

Edad: 67 años
Profesión: Abogado Universidad del Atlántico
Cargo actual: Senador
Cargo anterior: 35 años en el Congreso
Perfil político: Liberal oficial.
(Anotación de la autora: Se volvió uribista a partir de
   los desayunos palaciegos, en los que se trató el tema
   de la reelección).

CARLOS MORENO DE CARO
Lugar de nacimiento: Barranquilla, Atlántico
Edad: 58 años
Profesión: Ingeniero industrial, Universidad de la Flori-
   da. Especialización en Administración de Empresas y
   Productividad
Cargo actual: Senador
Cargo anterior: Concejal de Bogotá
Profesor universitario, Universidad de los Andes, Uni-
   versidad Javeriana, Universidad del Rosario, Univer-
   sidad Distrital, rector Universidad del Trabajo.
Perfil político: Obtuvo la mayor parte de su votación en
   la ciudad de Bogotá, especialmente en las zonas de
   Kennedy, Suba y Engativá. El gran grueso de sus
   votantes proviene de los estratos 2 y 3, a los que ha
   dirigido sus estrategias políticas. El resto de su electorado proviene de distintas zonas del departamento de
   Cundinamarca. Lo avaló el movimiento Dejen Jugar al
   Moreno.